Sisi
Die geheimen Schönheitsrezepte der Kaiserin und des Hofes

Sisi
Die geheimen Schönheitsrezepte der Kaiserin und des Hofes

von

Chris Stadtlaender

Verlag Österreich

2. Auflage 1997

Rennweg 12a, A-1037 Wien
Telefon: (++43 1) 79789 333
Telefax: (++43 1) 79789 502

Satz und Repro: Computertext Bernhard, Wien
Umschlaggestaltung: Franz Ruep

ISBN 3-7046-0695-2

Inhalt

Vorwort

In alten Hof-Apothekenbüchern und Manualen sind sie aufgezeichnet, die geheimen Schönheitsrezepturen der Kaiserin Elisabeth, Seiner Majestät, Kaiser Franz Josephs, der Kronprinzessin, des Kronprinzen und aller übrigen Mitglieder des Erzhauses.

Die genauen Rezepturen der damals verwendeten Kosmetika, die Salben, Cremes, Lotionen, Haarwässer, Puder, Pomaden haben einige Gemeinsamkeiten. Sie wurden mit rein tierischen sowie pflanzlichen Substanzen hergestellt, da es zu jener Zeit noch keine Industrie gab. Außerdem wurden sie ausschließlich von Magistern, also Angehörigen der Hof-Apotheken, zusammengestellt, weshalb die Rezepturen erhalten sind.

Andere Kosmetika kamen aus dem Ausland. Viele Schönheitsmittel stammen sicher auch von französischen, englischen oder italienischen Herstellern, mit denen die Kaiserin, aber auch ihre schönheitsbewußten Schwestern, die Hofdamen und Hof-Bediensteten wie Friseure oder Masseure, im Ausland bekannt wurden.

Durch den Mangel an Substanzen wurde seinerzeit die Fantasie angeregt, weshalb sich viele uns kurios anmutende Zutaten in Kosmetika finden, die aus heutiger Sicht nichts darin zu suchen haben. Wie etwa Pottasche, Gelatine, Gummi arabicum, Quittenschleim. Diese Dinge verwenden wir heute allenfalls noch in der Küche. Jedoch hat es ab Mitte des 19. Jahrhunderts auch gute, wirksame Schönheitsmittel gegeben. Ich ließ mir viele solcher Pflegemittel nach den alten Rezepturen herstellen und habe ihre Wirksamkeit und Verträglichkeit getestet. Sie sind größtenteils angenehm und wirksam, durchaus vergleichbar vielen Kosmetika unserer Zeit.

Verblüffend ist die Tatsache, daß bei Hofe die bewußte Schönheitspflege durchaus nicht nur ein Privileg der Damen war. Vielmehr fällt in den Eintragungen auf, welchen Wert auch die Herren der Schöpfung auf Kölnischwasser, auf Pomaden und Haarwuchscremes, auf Talkumpuder mit Veilchenduft und sonstige Pflegemittel legten. Man hätte sie auf männlichen Toilettetischen gar nicht vermutet.

Von ganz besonderer Bedeutung aber ist die Tatsache, daß Sisis Schönheitskult ansteckend wirkte. Durch ihre hingebungsvolle Schönheitspflege stand zu ihrer Zeit nicht etwa Paris im Vordergrund, was Beauté, Eleganz, imperiales Flair betraf, sondern die Blicke richteten sich auf die Donaumonarchie. Monarchinnen anderer Länder wie Kaiserin Eugénie von Frankreich, Queen Victoria von England, Kaiserin Charlotte von Mexiko, um nur einige zu nennen, alterten früh, wenn sie auch in ihrer Jugend Sisis Schönheit in nichts nachstanden.

So gesehen kommt bis heute dem Streben Kaiserin Elisabeths nach Vollkommenheit ganz entscheidende Bedeutung zu. Ausgehend von der Gottesgabe faszinierender natürlicher Schönheit ließ sie in keinem Lebensabschnitt nach, diese Schönheit zu erhalten, sie zu kultivieren. Damit erhob sie ihr Schönheitsverlangen schöpferisch gestaltend zur Kunst. Jener Kunst der Idealisierung, deren Pfaden Kosmetik heute noch folgt.

Chris Stadtlaender

Porträt von Franz Xaver Winterhalter, 1865

Allgemeiner Teil

Porträt von Franz Xaver Winterhalter, 1865

Schönheit war zu allen Zeiten von Geheimnis umgeben. Immer versuchten Menschen, das Wesen der Schönheit zu ergründen. Oft wurde von Zaubertränken, von geheimen Mixturen, ja sogar vom Pakt mit dem Teufel geredet, wenn Frauen ihre Schönheit über lange Jahre erhielten. So wurde die viel ältere Geliebte des französischen Königs Heinrich II. als „Hexe“ bezeichnet, weil sie noch mit weit über 50 Jahren den um zweieinhalb Jahrzehnte jüngeren Monarchen an sich zu fesseln verstand. Die Schönheits-Elixiere dieser Diane de Poitiers waren jedoch nur das Reiten in den tiefen Wäldern an der Loire und eine gesunde Lebensführung gewesen. Der Wiener Hof-Chronist Graf Vasili schrieb in seinen Memoiren, „sowohl Diane de Poitiers wie Kaiserin Elisabeth von Österreich hätten ihre Schönheit den frühen Ausritten vor Tage verdankt, wenn der Morgentau ihre Haut benetzte“. Die unvergänglich schöne Ninon de Lenclos hatte ihre Jugendlichkeit durch Bäder in kalten Bächen erhalten. Nofretete, die vielbewunderte Königin des 2. Jahrtausends vor Christi, salbte sich mit Ölen und verstand schon die Kunst des Schminkens. Mona Lisa, „La Gioconda“, Leonardo da Vincis Modell, ließ sich die Augenbrauen auszupfen, was dem Schönheitstrend jener Zeit entsprach. Dieses bruchstückhafte Wissen um sogenannte „Schönheitsgeheimnisse“ war jedoch niemals geeignet, den echten Zauber der Schönheit zu ergründen. Vor allem aber war Schönheit immer auch vergänglich. Sie mußte den Jahren, dem Alter ihren Tribut zollen.

Eine der wenigen Schönheiten ihres Jahrhunderts, deren Ausstrahlung bis in unsere Zeit hinüberwirkt, ist Kaiserin Elisabeth gewesen. Ihr war eine Schönheit in die Wiege gelegt worden, die nach dem „goldenen Schnitt“ ausgerichtet, in jeder Weise perfekt erschien. Heute würden wir sagen, ihre Schönheit war genetisch bedingt! Denn viele Mitglieder des Wittelsbacher Geschlechtes waren von Wohlgestalt und außergewöhnlicher Schönheit ausgezeichnet. So wurde etwa Sisis Cousin, König Ludwig II. von Bayern, in seiner Jugend mit einem Gott verglichen! Hochgewachsen, überschlank, von herrlichem Wuchs, wie man damals sagte, mit edlen Gesichtszügen und dichtem braunem Haar, war er der Abgott seiner Untertanen. Richard Wagner war „aufs Seltsamste angerührt von unsäglicher Anmut der unbegreiflich seelenvollen Züge…“. Im Gegensatz zu seiner vom Schönheitskult getriebenen Cousine jedoch ließ der König sich gehen, seine Geisteskrankheit zerstörte letztendlich auch sein ästhetisches Äußeres. Seine Figur wurde plump, seine Gesichtszüge aufgedunsen. Die schlechten Zähne, ein Erbteil, das auch Sisi zukam, fielen ihm aus. Der Wahnsinn flackerte aus seinen Augen. Wenn Ludwig II. mit seinen homophilen Neigungen diese Minuspunkte durch überreichlichen Gebrauch von Parfüms – vor allem Chypre – wettmachen wollte, so stieß dies die von ihm adorierte Cousine ab. Sisi liebte keine Parfüms und benutzte sie kaum.

Das Geheimnis ihrer Taille

Viel ist gerätselt worden über die bis zu ihrem jähen Tode gehaltenen Körpermaße der Kaiserin. Mit geringen Schwankungen wog sie ihr Leben lang 50 Kilogramm bei einer Größe von 1,72 m und einem Taillenmaß von 50 cm. Ihr Hüftumfang soll 62 bis 65 cm betragen haben, was jedoch unwahrscheinlich erscheint. Sicher achtete die Kaiserin strikt auf ihr Gewicht. Zeitweise absolvierte sie Hungerkuren, sodaß sich Ödeme einstellten. Hofarzt Dr. Kerzl verfluchte die Waage, die „eine vernünftige Ernährung fast nicht zuläßt“. Doch nach solchen Exzessen ließ Sisi sich – besonders auf Reisen – das Essen wieder schmecken. Nach Berichten ihrer Hofdamen wurde im Ausland reichlich getafelt. Man kehrte in Konditoreien ein, ließ sich Torten, Gebäck und Eis munden.

Vermutlich hätte Sisi, da ihre Schlankheit auch genetisch bedingt war, die rigorosen Diäten gar nicht nötig gehabt. Denn ihr Bruder, Herzog Ludwig Wilhelm in Bayern, war wie sie überschlank. Noch im hohen Alter schlotterte ihm die Uniform um die schmale Taille, lachten die Münchner über seine knochige Erscheinung mit den tiefschwarz gefärb-

Das berühmteste der drei Porträts von Franz Xaver Winterhalter, 1865

Porträt von Hermann Nigg, 1882 (Hermesvilla)

ten Haaren. Zeitlebens schlank waren Sisis Eltern. Von ihren Geschwistern wurde einzig ihre Schwester Helene, Fürstin Thurn und Taxis, im Alter üppig. Die sieben anderen blieben ohne ausgeklügelte Hungerkuren schlank und rank. Woraus resultiert, daß die eigentümlichen Schlankheits- und Abmagerungsrezepte, nach denen Elisabeths Geheim-Köchin, Theresia Teufel, in der winzigen Küche des Amalientraktes „Kraftbrühe" und „Blutsuppe" herstellte, überflüssig gewesen wären. Vielmehr erscheint es aus heutiger Sicht wahrscheinlicher, daß solche asketischen Anwandlungen einer depressiven Gemütslage und zeitweiligen Verstimmtheit entsprangen. Sisi kasteite sich, doch nicht ausschließlich aus Sorge um ihre Körpermaße, sondern um ihrer Ablehnung des höfischen Lebens, des Zeremoniells und der steifen Sitten am Kaiserhof beredten Ausdruck zu verleihen. Die von einigen Biografen geäußerte Meinung, sie habe ihre narzißtischen Neigungen aus Eifersucht gegen ihre Schwägerin, die schöne Charlotte von Mexiko, auf die Spitze getrieben, kann als nicht stichhaltig gewertet werden. Zum einen war Charlottes Aufenthalt am Wiener Hof nur von kurzer Dauer. Zum anderen ließen charakterliche Eigenheiten eine innigere Bindung der beiden Damen nicht zu. Im Gegenteil, später hat Sisi großes Mitleid am traurigen Schicksal der in geistige Verwirrung gefallenen Charlotte bezeugt, wenn sie auch gleichzeitig das gescheiterte mexikanische Abenteuer deren krankhaftem Ehrgeiz zuschrieb und ihr damit die Schuld am schrecklichen Ende Maximilians gab.

Schönheitsstreben war Eigenschaft der Wittelsbacher

Was Sisis Drang nach Schönheit betraf, so erstreckte er sich von der eigenen Person durchaus auch auf andere Menschen, ganz gleich, wo sie ihnen begegnete. Sie konnte auf Reisen ebenso für einen Mann schwärmen, der ihr als „schön" erschien, wie sie es liebte, sich mit schönen Hofdamen zu umgeben. Schönheit, gleich ob bei sich oder anderen, war einfach ihr Lebenselixier, weshalb sie sich auch ein Schönheiten-Album anlegte, in dem ganz demokratisch nicht nur Damen edlen Geblütes aufschienen, sondern

„schöne Frauen aus allen Schichten". Sicher ahmte sie damit ihren Onkel, König Ludwig I. von Bayern, mit seiner berühmten Schönheitengalerie auf Schloß Nymphenburg nach. Auch König Ludwig I. hatte höchst demokratisch gelebt und geliebt. Es störte ihn nicht, eine kleine Schuhmacherstochter neben eine Aristokratin zu plazieren. Von unebenbürtigen „Pantscherln" ganz zu schweigen... Als der Heilige Vater ihm wegen seiner amourösen Beziehung zu *Lola Montez* Vorhaltungen machte, sandte er ihm kurz und bündig ein Telegramm: „Bleib Du bei Deiner Stola, ich bleib bei meiner Lola." Schönheit rangierte bei Ludwig vor Heiligkeit.

Genau diese Lola Montez, deren Leben und Schönheit bald ihren Niedergang erlebten, nahm Sisi noch in ihr Schönheiten-Album mit auf. Vielleicht war sie ihr gleichsam Symbol dafür, wie schnell natürliche Schönheit vergehen mußte, wenn spirituelle Barrieren einstürzten. Wenn der unbedingte Wille zur Erhaltung der körperlichen Schönheit wankte und Resignation sich ausbreitete. Für Sisi stand eine echte, natürliche und unverbildete Schönheit an erster Stelle. Das war auch der Grund, weshalb sie die fast gleichaltrige Fürstin Pauline Metternich rundweg ablehnte. Obwohl die Metternich, auch „Mauline" wegen ihres forschen Mundwerks genannt, in Wien als modisch tonangebend galt, waren ihre grelle Farbigkeit, ihre auffallende Schminke, ihr gespreiztes Auftreten der stets natürlichen Kaiserin zuwider. „Zwei Zoll breit sind die Wunderlippen mit diesem Purpur angetan", dichtete Sisi nach dem Ball der Industrie 1885 über die Metternichsche Schminkkunst. Auch die rundlichen Formen dieser Wiener Repräsentantin waren ihr ein Greuel: „In reichen Stoff aus fernen Landen den allzu üpp'gen Leib geschnallt", war Sisis vernichtendes Urteil. Wie sie denn überhaupt dicke Frauen mit Spott übergoß. Man denke an die Seelenfreundin des Kaisers, Katharina Schratt, die sie einmal in einem Gedicht als „dickes Butterfaß" titulierte. Kein Wunder, konnte sie sich doch ausschließlich mit schlanken, hochgewachsenen Geschlechtsgenossinnen identifizieren, die ihre ewige Sorge um die Linie zu teilen vermochten.

Elisabeths Schwestern, Helene und Mathilde

Elisabeths Cousin, König Ludwig II. von Bayern, und ihr Bruder Ludwig Wilhelm, Herzog in Bayern

Schönheitspflege als Selbstzweck

So viel auch die außergewöhnliche Schönheit der Kaiserin von der Umwelt bestaunt wurde, ihr selber machten Bewunderung und Anbetung eher Angst. Mit ihrer angeborenen Schüchternheit litt sie bei Festen, Empfängen und Bällen Folterqualen. Denn stets war sie ja gezwungen, ihrem Ruf als der „schönsten Kaiserin ihrer Zeit" auch gerecht zu werden. Mit Argusaugen wurde von ihrer engeren und weiteren Umgebung jeder Toilettefehler, jede kleinste Veränderung ihres Äußeren beobachtet. Daß die Kaiserin ihre Schönheit hegte, nur um für sich dem Bild zu entsprechen, das ihr vorschwebte, konnte niemand begreifen. Jeder bei Hofe war davon überzeugt, sie wolle allen gefallen, bemühe sich um die Gunst all jener, mit denen sie in Berührung kam. Und gerate in tiefste Verlegenheit, wenn dies aus welchen Gründen auch immer mißlang. Wenn Sisi die vielstündigen Anproben für ihre Balltoiletten, die zweiwöchentliche Haarwäsche, die einen ganzen Tag währte, ihre täglichen gymnastischen Übungen mit Hingabe über sich ergehen ließ, so geschah dies alles einzig aus ihrem Streben nach Vollendung. Von ihrer faszinierenden Schönheit überzeugt, wich sie keinen Fingerbreit von den „Pflichten" ab, die sie selber sich auferlegte. Ihr ästhetisches Empfinden umkreiste nur die eigene Person. Nie aber wäre sie so oberflächlich gewesen, ihre Maßstäbe hinsichtlich des Äußeren auch an andere Menschen anzulegen. Ihr bester „Seelenfreund" nach König Ludwig II. von Bayern, der toskanische Erzherzog Ludwig Salvator, hatte für Eleganz nicht das Geringste übrig. Er galt als Sonderling, war schlampig gekleidet, haßte das steife Wiener Hofzeremoniell und lebte als Weinbauer auf Mallorca. Für Elisabeth hingegen zählten sein großes Wissen auf naturwissenschaftlichem Gebiet und seine legere Lebensführung, die ihn mit seiner Yacht über die Meere führte. Sie war vielleicht die einzige bei Hofe, welche die ihr gewidmeten Prachtbände aus der Feder des Unangepaßten aufmerksam las. Von Oberflächlichkeiten ließ sie sich bei anderen nicht leiten. Geistige Interessen hatten für sie stets Vorrang.

Wie Zeitgenossen sie sahen

Einer von jenen, die mehrere Jahre Begleiter Sisis sein durften, war der griechische Vorleser Konstantin Christomanos. Der junge Philosophiestudent war bald heftig in die Kaiserin verliebt. In seinen Memoiren hat er schwärmerisch ihr Äußeres geschildert und gibt damit einen Eindruck, wie Sisi auf Menschen ihrer Umgebung wirkte: „Ihr Haupt erhebt sich auf ihren Schultern mit jener zarten Grazie, welche den Blüten auf langen Stengeln zu eigen ist. Mehr als bei anderen Menschen hat man die Empfindung bei ihr, daß der Kopf die Krönung und den zusammenfassenden Accord ihrer musikalischen Linien bildet. Ihr Antlitz neigt sie nach vorne, während sie das Hinterhaupt, auf welchem die Krone ihrer Haare ruht, nach rückwärts biegt, wie um sich über eine Oberfläche zu erheben... In ihr Haar hat sich Nacht versenkt, und von Zeit zu Zeit geht aus demselben eine Helle aus wie von einer Nacht... Ich habe ein Bild in der Hofburg über dem Tische des Kaisers gesehen, wo sie in ihr Haar gewickelt dasteht wie eine Hamadryade oder eine Nymphe oder Ophelia, ohne jeden irdischen Königsschmuck... Gewöhnlich trägt sie aber ihr Haar zu einer Krone geflochten, deren finsteres Gewicht zu schwer für die leuchtende Stirn zu sein scheint... Ihr Antlitz ist von schimmernder Blässe, der alle eifersüchtigen Strahlen der südlichen Sonne nichts anhaben konnten, und welche die krystallisierten Röthen unter den Augen wie von verdorrtem Wangenrot und vertrockneten Tränenbeeten noch dunkler hervortreten läßt. In diesem milden Schimmer, der gleichsam von toten inneren Erlebnissen ausgeht, öffnen sich ihre Lippen feingezeichnet und so unwahrscheinlich purpurn, wie der Spalt der geheimnisbergenden Granate. Und sie biegen sich zu einer Kurve unsagbarer Wehmut, die von aller Trauer weiß, als wäre sie die Brücke der Traurigkeit selbst, die fast Angst und Furcht davor ausdrückt, noch mehr zu wissen und das Schicksal unaufhörlich befragt. Wenn die Lippen sich öffnen, versinkt jene Linie in die inneren Tiefen, aber sie kehrt wieder zurück, sobald das Schweigen sein Siegel den Lippen aufdrückte. Dann sammeln sich auch in den Winkeln des Mundes alle Bitterkeiten ungeweinter Tränen... Wie eingeschlosen in einen schattigen Kreis unentrinnbaren Wehens leben ihre hellen, beobachtenden Augen. Niemals gab es noch solche Augen, die die traurige Essenz aller Dinge gleichsam als das Ewige herauszusehen vermochten. Oft sind ihre Blicke wie jene von Blumen, die ein wunderbares Geheimnis erschauen. Dann fallen Schleier von Wimpern über sie, wie zarte Wolken, welche Sterne verhüllen. Ihre Augenbrauen sind kühn geschwungen, in einer stolzen Hebung von wunderbar feiner Zeichnung endend... Ihre Hände sind mager, gebrechlich, in die Lilien ihrer Finger verhauchend. Sie sind wie frierende Blumen. Etwas Geheimnisvolles haben sie an sich. Wenn sie etwas halten, so umklammern sie es so fest, daß man an eine innige Verbindung, fast eine Verschmelzung ihres Wesens mit jenem der Dinge denken muß. Ihre ganze Gestalt, allzu fließend um nur schlank genannt zu werden, seufzt wie eine Zypresse zum Himmel, flutet wie die Wellen, wenn sie ruhen und atmen."

Wie immer bei allzu eifrigen Anbetern, wurde auch hier unvermutet nach 3 Jahren Christomanos' Dienst bei Hofe aufgekündigt. Ein älterer Griechischlehrer, Mr. Barker, löste ihn ab. Er hat Sisi auch auf ihrer letzten Reise nach Genf begleitet.

Sklavin ihrer Haare

Dem kleinen, verwachsenen Griechen Christomanos verdanken wir aber die genauen Details der Haarpflege, des Haarewaschens und Frisierens. Er war einer der wenigen, welche dieser Prozedur beiwohnen durften. Darüber berichtet er: „Das Frisieren dauert immer fast zwei Stunden, sagte sie, und während meine Haare so sehr beschäftigt sind, bleibt mein Geist träge. Ich fürchte, er geht aus den Haaren hinaus in die Finger der Friseurin. Deswegen tut mir dann mein Kopf so weh..."

„Ich trat", erzählt Christomanos weiter, „in den großen Salon (der Hofburg)... Die Kaiserin saß an einem Tische, der in die Mitte des Raumes gerückt und mit einem weißen Tuche bedeckt war, in einen weißen, mit Spitzen besetzten Frisiermantel gehüllt, mit aufgelösten Haa-

Rötelzeichnung mit aufgelöstem Haar

ren, die bis zum Boden reichten und ihre Gestalt vollkommen einwickelten. Nur ein schmaler Teil ihres Gesichtes blickte daraus hervor, wie bei jenen verhüllten Madonnen mit mandelförmigen Antlitzen... Haare sah ich wie Wellen, den Boden erreichend und sich auf ihn niederlegend und weiterhin fließend. Vom Haupte, dessen zarte, anmutige Form und reine vollendete Linie sie ungetrübt offenbarten, flossen sie herab über den weißen Mantel von Spitzen, der ihre Schultern bedeckte... Hinter dem Sessel der Kaiserin stand die Friseuse in schwarzem Kleide mit langer Schleppe, eine weiße Schürze aus Spinngeweben vorgebunden, als Dienende selbst von imposanter Erscheinung, Spuren verblühter Schönheit auf dem Gesicht, und Augen voll finsterer Ränke – an eine bekannte vertriebene Königin zweiten Ranges im europäischen Osten erinnernd. Mit weißen Händen wühlte sie in den Wellen der Haare, hob sie dann in die Höhe und tastete darüber wie über Samt und Seide, wickelte sie um die Arme wie Bäche, die sie auffangen möchte, teilte die einzelne Welle mit einem Kamme von goldgelbem Bernstein in mehrere und trennte dann jede von diesen in unzählige Fäden, die im Sonnenlichte wie Gold wurden, und die sie behutsam auseinanderzog und über die Schultern hinlegte, um ein anderes Gewirr von Strähnen wieder in Goldfäden aufzulösen. Dann wob sie aus allen diesen Strahlen, die aus erloschenem Golde in Blitze dunklen Granatrots aufflammten, neue ruhige Wellen, flocht diese Wellen zu kunstvollen Geflechten, die in zwei schwere Zauberschlangen sich wandelten, hob die Schlangen empor und ringelte sie um das Haupt und band daraus, mit Seidenfäden dieselben durchwirkend, eine herrliche Krone. Dann ergriff sie einen anderen spitzig zulaufenden Kamm aus durchsichtigem Schildkrot, mit Silber beschlagen und wellte den Polster von Haaren, der am Hinterhaupt die Krone zu tragen bestimmt war, in jene Linien zurück, welche dem atmenden Meere zueigen. Dann zog sie die verwaist irrenden Strähnen ober der Stirn hinab in die Nähe der Augen, so daß sie wie goldene Fransen vom Kranze der Krone herabhingen und die lichte Stirn wie ein Schleier verhüllten, entfernte mit einer silbernen Schere, was bei diesen Fäden Harmonie und Gleichheit zerstörte und den ruhigen Lauf der Brauen nur hemmte, neigte dann andere Fäden, wie schau-

Abbildung mit Diamanten-Diadem

miges Wellengekräusel, über die Ohren... Dann brachte sie auf einer silbernen Schüssel die toten Haare der Herrin zum Anblick, und die Blicke der Herrin und jene der Dienerin kreuzten sich eine Sekunde – leisen Vorwurf bei der Herrin enthaltend, Schuld und Reue der Dienerin kündend. Dann wurde der weiße Mantel aus Spitzen von den fallenden Schultern gehoben und die schwarze Kaiserin entstieg gleich einer göttlichen Statue der bergenden Hülle. Die Herrscherin neigte dann den Kopf – die Dienerin versank in den Boden, leise flüsternd: ‚Zu Füßen Eurer Majestät ich mich lege', und so ward die heilige Handlung vollendet."

Bei anderer Gelegenheit ließ Sisi den Griechen wissen: „Ich fühle mein Haar. Es ist wie ein fremder Körper auf meinem Kopf." Als Christomanos schwärmte: „Majestät tragen das Haar wie eine Krone anstatt der Krone", erwiderte Sisi mit bekümmertem Lächeln: „Nur daß man sich jener anderen leichter entledigen kann."

Vom Theater in den Hofdienst

Viel ist gerätselt worden über die Friseurin der Kaiserin. Denn sie spielte bald die Rolle einer engen Vertrauten. Von ihrer Frisierkunst hing nicht selten die Laune Sisis ab. Franziska Angerer war am Burgtheater tätig, als eines Tages die besonders schönen Frisuren der Schauspielerin Helene Gabillon auf sie aufmerksam machten. „Fanny" Angerer verfügte nicht nur über Geschmack, geschickte Hände und eine vorzügliche Ausbildung durch ihren Vater, der einen kleinen Laden am Spittelberg betrieb. Sie hatte auch Witz und war ansehnlich, groß und schlank. Das sollte später eine Rolle spielen, weil die Kaiserin sich gern in der Öffentlichkeit, vor allem im Ausland, von ihr vertreten ließ. Während Sisi, in einen weiten Umhang gehüllt, den Hut tief ins Gesicht gezogen, inkognito umherging, repräsentierte die Hoffriseurin in tadelloser Haltung.

Im April 1863 trat die Angerer in kaiserliche Dienste, wofür sie mit 2000 fl. entschädigt wurde. Diese Gage war unglaublich hoch, wurde jedoch vom Hof-Ärar in Anbetracht ihrer besonderen Aufgaben bewilligt.

Ob es stimmt, was die Fama berichtet, daß ausgekämmte Haare an einem Klebeband unter ihrer Schürze verschwanden, sei dahingestellt. Unentbehrlich, wie sie einmal war, konnte die Hofbedienstete danach auch durchsetzen, daß ihr Ehemann – ein kleiner Bankbeamter – zum Privatsekretär Ihrer Majestät aufstieg, danach Regierungsrat wurde, Hofrat, und sogar in den Ritterstand avancierte. Beide hielten sich viel zugute auf die Haarpracht ihrer Herrin, die auch mit den Jahren nichts von ihrer Schönheit und Fülle verlor. Zudem stellten sich auch mit über fünfzig keine grauen Haare ein, was wiederum der Hof-Friseurin gutgeschrieben wurde. In ihren „Winterliedern" bedichtete Sisi einmal auch ihre Haare:

An meinen Haaren möcht' ich sterben,
Des Lebens ganze volle Kraft,
Des Blutes reinsten, besten Saft
Den Flechten möcht' ich dies vererben.
O ginge doch mein Dasein über,
In lockig seidnes Wellengold,
Das immer reicher, tiefer rollt,
Bis ich entkräftet schlaf' hinüber!

Dieses melancholische Poem zeigt die enge Verknüpfung ihrer Haare mit ihrer jeweiligen Seelenlage deutlich. Es war daher selbstverständlich, wenn die Zutaten ihrer Haarpflegemittel strenge Geheimsache blieben. Nur nebulos berichtete etwa Sisis Nichte Marie Larisch-Wallersee von der Haarwäsche mit „rohem Ei und Branntwein". Richtiger dürften Aussagen sein, daß es sich nicht um Branntwein, sondern besten Cognac handelte, mit dem 6 Eidotter fest verquirlt und sodann auf Haare und Kopfhaut aufgetragen wurden. Weiter berichtet die Nichte, die Haare wären danach mit einem Desinfektionsmittel gespült worden. Hier muß es sich um Toilette-Essig gehandelt haben. Er beseitigte Haarspliss, machte die Haare glänzender, kräftiger und ließ nachher die Frisur besser halten.

Es war nicht verwunderlich, daß viele Damen der Gesellschaft sich eifrig bemühten, Sisis Frisur zu kopieren. Angefangen bei Franziska Ange-

Konstantin Christomanos, Elisabeths „Eckermann"

Erzherzogin Valerie und Freiin von Wallersee

Katharina Schratt, die „gnädige Frau“, und Fürstin Pauline Metternich

Draga, Königin von Serbien, galt als „pikante Schönheit“

rer selbst, welche die geflochtenen Strähnen dick auf dem Hinterkopf drapierte, waren es auch die Hofdamen, die bald eine Haarkrone trugen, zuerst die Hofdame Marie Festetics, ebenfalls mit reicher Haarpracht versehen. Dürftig wirkte die knapp hüftlang aufgelöste Haartracht der jungen Gräfin Larisch-Wallersee. „Muß sie ihrer Tante alles nachäffen?" So der Kommentar bei Hofe. Um aber eitlen Wienerinnen Gelegenheit zu geben, sich mit der „Elisabeth-Frisur" zu schmücken, wurde 1885 zum 3. Wiener Frisuren-Kongreß genau festgelegt, wie sie aussehen mußte: „Das Haar wird 5 Zentimeter von der Stirn kreuzgescheitelt, das rückwärtige Haar durch einen Querscheitel in eine obere und untere Hälfte geteilt und jede Partie gebunden. Stirn- und Schläfenhaar wird zurückfrisiert und beim oberen Bunde befestigt. Die Stirnfrisur bilden Frisetten in einigen Zentimetern Länge. Aufputz ist Granat- und Brillantschmuck. Zum Abschluß wird die Frisur mit Gold- oder Brillantstaub leicht gepudert und mit silber- oder goldfärbigem Haarnetz umschlossen." Da diese pompöse Frisur jedoch reichlich Haare voraussetzte, war sie nur wenigen Schönheiten vorbehalten. So reichten die Haare der Fürstin Pauline Metternich nicht dafür aus, weshalb sie eifersüchtig das „Kronen-Gezeter" verspottete. Anders die Seelenfreundin des Kaisers, Katharina Schratt. In jüngeren Jahren trug sie die Haare glatt, aus der Stirn gekämmt und hinten zu Korkenzieherlocken gerollt. Später tat es ein Knoten am Hinterkopf. Zu ihrer robusten, untersetzten Erscheinung hätte die „Kronen-Frisur" ohnedies nicht gepaßt.

Die engen Dessous Ihrer Majestät

Intimitäten, wie die hauteng anliegenden Dessous Ihrer Majestät, hat ihre Nichte später in ihren Erinnerungen „Meine Vergangenheit" ausgeplaudert. Darin heißt es: „Die Kaiserin liebte kleine, dicht anschmiegende Hemdchen, ihre Beinkleider waren im Sommer aus Seidentrikot, im Winter aus Leder. Ihre bunten Seiden- und Moirékorsetts wurden in Paris gearbeitet. Sie trug sie nur einige Wochen. Sie hatten vorn keine Mechanik,

Ballrobe der Kaiserin

Ballrobe der Kaiserin

Elisabeth wurde vielmehr stets in ihre Korsetts hineingeschnürt. Diese Prozedur dauerte bisweilen eine geschlagene Stunde. Ihre seidenen Strümpfe lieferte die Londoner Firma Swears & Wells, und in jenen vorstrumpfbänderlichen Tagen befestigte die Kaiserin sie mit Bändern an das Korsett. Tantes Wäsche war wundervoll und außerordentlich fein, ihre Nachthemden waren ganz einfach, aber immer mit mauve Seidenbändern durchzogen und gebunden. Unterröcke trug sie nie, und bei ihren frühen Spaziergängen im Sommer zog sie die Schuhe über die nacken Füße und trug das Kleid unmittelbar auf dem nackten Körper. Bei diesen Promenaden duldete sie auch keinen Hut. Doch die Sonnenschirme, die sie trug, waren groß, plump, mit Leder gefüttert, sehr unelegant und schwer."

Endlos waren die Anproben, die Sisi mit bewundernswerter Geduld hinter sich brachte. Nicht nur die Ballproben, selbst ihre Reitkleider mußten durch exzellenten Schnitt und raffinierte Paßform ihre Schlankheit betonen. „Elisabeth verbrachte Stunden bei ihrem Schneider", erzählt die Larisch-Wallersee weiter, „denn sie war sehr schwer zufriedenzustellen". Sie studierte den Schnitt und Wurf im Sattel eines Holzpferdes, das vor einem großen Spiegel stand. Daß sie allzu eitel sei, wurde der Monarchin zu allen Zeiten vorgeworfen. Oft waren es winzige Kleinigkeiten, welche Anstoß erregten. So trug sie anläßlich einer Theateraufführung eine goldbestickte Haube in der Art, wie ungarische Magnatenfrauen sie hatten. Dies erregte die Aufmerksamkeit ihrer Schwiegermutter, wie Conte Corti berichtet: „Als Erzherzogin Sophie dies erblickt, beginnt sie ihre Schwiegertochter mit ihrem Lorgnon auffallend zu fixieren, ja sie erhebt sich sogar und beugt sich über die Logenbrüstung, um besser zu sehen. Dann lehnt sie sich wieder in ihren Fauteuil zurück und schüttelt halb verwundert, halb entrüstet den Kopf. Das Publikum hat die Szene mit angesehen. Allgemeine Bewegung und Flüstern geht durch den Saal, und Kaiserin Elisabeth verläßt vorzeitig, gefolgt von ihrem Gatten, das Theater."

Der angebliche faux pas einer jungen Kaiserin, die ganz sicher mit ihrer Freude über die Magnatenhaube keinen politischen Eklat verursachen wollte, sondern sich gern schmückte, gehörte zu der unendlichen Reihe der Nadelstiche, die sie schließlich dem Wiener Hof mehr und mehr entfremdeten. Selten, aber doch, äußerte sich auch Kaiser Franz Joseph empört über die ewige Wiener Nörgelei. So schrieb er aus Ofen an seine Mutter, Erzherzogin Sophie: „...In Wien aber... schimpft man wie gewöhnlich. Gott beschütze einen vor den Wiener Gutgesinnten!"

Sisis Schönheitsdiäten

Ihrer Zeit weit voraus, betrieb die überschlanke Elisabeth auch „innere Kosmetik", die ihr jedoch kein Mehr an Schönheit, sondern ein Manko an Gesundheit einbringen mußte. Sicher sind die zahllosen Unpäßlichkeiten, das ständige Kopfweh, ihre Nervosität schließlich auf rigorose Hungerkuren zurückzuführen, die sie um ihrer Schönheit willen übertrieb. Daher mußte 1897 Hofarzt Dr. Eisenmenger die vernichtende Diagnose „Hungerödeme" stellen. „Jetzt erfährt der Arzt, daß sie (die Kaiserin) manchmal im ganzen Tag nur sechs Orangen gegessen hat", so Conte Corti. „‚Aber ich nehme doch an Gewicht zu', wandte Elisabeth ein. ‚Natürlich, Majestät, weil sich in den Geweben infolge Unterernährung Wasser ansammelt.' Elisabeth schüttelt ungläubig den Kopf und verspricht nun, im Tage ein paar Gläser Schafmilch trinken zu wollen..."

Vermutlich trainierte sie sich einen „normalen, gesunden" Appetit im Laufe der Jahre förmlich weg. Um trotzdem die Gewaltmärsche und stundenlanges Reiten auszuhalten, wurden Kraftbouillons zubereitet, die das Hungergefühl zu vertreiben hatten. Darüber berichtet Josef Cachée in seinem Werk „Die k. u. k. Hofküche und Hoftafel": „Kaiserin Elisabeth frühstückte erst zwischen acht und neun Uhr (Déjeuner). Da sie stets auf ihre schlanke Linie bedacht war, nahm sie nur eine Schale Tee, dazu etwas kleines Gebäck und frisches Obst. In früheren Jahren vergönnte sie sich noch ein Stück gebratenes oder gedünstetes Rindfleisch und ein Glas Rotwein. Zum Diner um fünf Uhr nachmittags gab es zweierlei Suppen, Fleisch, Gemüse und Früchte. Besonderen Wert legte sie auf die sogenannte Kraftsuppe: Zwei bis drei Pfund des besten Fleisches werden in Stücke geschnitten, unter einer silbernen Presse mürbe gemacht und dann

Die Reform der Frauenkleidung.*)

„Das körperliche Gewissen ist der Grundstein aller Sittlichkeit".
P. Schultze-Naumburg.

„Fast ist es unbegreiflich, daß in den dreizehn Jahrhunderten nordischer Kultur noch keine Tracht entstanden ist, die von Vernunft geleitet wäre. Es stehen dieser einfachen Forderung unendliche Vorurteile entgegen, die zwar alle nicht fester als bemalte Pappe sind, aber wirken, als wären es richtige dicke Mauern. Schon die Klarheit darüber, daß die Umgestaltung unserer Frauenkleidung eine im höchsten Grade sittliche Aufgabe ist, fehlt den meisten. Für viele Leute ist Frauenemanzipation, Radfahren, Reform der Frauentracht, Rauchen und freie Liebe so ziemlich ein und dasselbe. Darum erschrecken sie, sobald man überhaupt nur an die hergebrachte Tracht rühren will und halten es für gefährlich, der Frage offen ins Gesicht zu schauen und sie vorurteilsfrei durchzudenken. Und doch hängt Gesundheit und Leben davon ab, daß wir diese Vermengung und Trübung der Begriffe endlich überwinden. . . . Die übliche Frauenkleidung ist ein Armutszeugnis, ja ein häßlicher Fleck unserer Kultur und unvereinbar mit der geistigen Aufklärung des 20. Jahrhunderts. Die mit ihr alt geworden sind, werden sich trotzdem nicht mehr von ihr trennen. Aber sie sollen wenigstens das aufwachsende Geschlecht nicht zu ihren Irrtümern anleiten oder gar dazu zwingen. . . . Der Grundgedanke der Korsetttracht kommt den weitaus meisten Frauen gar nicht zum Bewußtsein. Er läuft darauf hinaus, daß der Busen ein Reizmittel für den Mann und darum möglichst groß erscheinen soll. In demselben Sinne wirkt das Hervordrängen der Hüften. Ist denn aber dieses öffentliche Aufdrängen der Geschlechtsfunktionen nicht ein Ausdruck von Dirnenhaftigkeit? Gewiß ist der Busen des Weibes nichts, was von der Kleidung verleugnet und versteckt werden soll. Ihr Körper ist bestimmt, durch seine Schönheit das Begehren des Mannes zu reizen. Das Fortbestehen des Menschengeschlechts hängt davon ab, daß er das tut. Aber zwischen Prüderie und dirnenhafter Aufdringlichkeit geht die feine Linie, die die Natur uns weist. . . . Es handelt sich bei der Reform der Frauenkleidung nicht darum, eine neue Mode einzuführen, die als solche nicht länger leben würde, als Moden eben leben. Was uns not tut, ist das natürliche Gefühl für den Körper. Erworben wird es bei seiner Pflege. Dabei lernt man ihn nicht nur kennen, sondern lebendig empfinden. Kann ein Mensch, der dem Bade entsteigt, gereinigt, erfrischt, in allen Gliedern von jenem unendlichen Wohlgefühl durchströmt, das den Körper schwellt, und das Leben jedes Teilchens seinem Bewußtsein fühlbar macht — kann der es über sich bringen, dieses Wohlgefühl durch beengende, zwängende Kleider zu zerstören? Wird er auch nur den Wunsch haben, es zu tun, wenn er seine Kraft in Arbeit oder Spiel, in Rennen, Laufen, Schwimmen, Reiten, Turnen oder Fechten oder was es nun sei, geübt und dabei empfunden

Zeitgenössische Abhandlung

hat, daß seine Glieder so, wie sie sind, gut, daß sie so schön sind? Es wird ihn quälen, wenn dies in seiner Kleidung nicht zum Ausdruck kommt. Das ist nicht Eitelkeit. Freude am eigenen Körper ist ein sehr gesunder und vornehmer Sinn, der absolut für eine Existenz notwendig ist, die sich höher entwickeln will."

Mit diesen Worten begründet Professor Schultze-Naumburg die Notwendigkeit einer gesundheitsgemäßen Frauenkleidung. Im Mittelpunkt der Reform steht die Beseitigung der Korsetttracht mit ihrer engen Taille! „Schlankheit ist nur dann schön, wenn sie eine ebenmäßige Schlankheit des ganzen Körpers bedeutet, nicht die unmotivierte Enge an einer einzigen Stelle". Der normale Körper zeigt keine besonders enge Stelle des Rumpfes, sondern seine Umrisse bilden zwei annähernd parallele Linien mit ganz geringen Schweifungen (vergl. hierzu die Tafeln XXIX und XXX). Auch die Hüften springen nicht vor. Die Korsetttracht aber läßt den Oberkörper als einen auf die Spitze gestellten Kegel erscheinen, unterhalb dessen die Hüften weit hervortreten. Dabei ist diese Tracht nicht nur unschön, sondern auch in hohem Maß gesundheitswidrig, weil Atmung und Blutlauf dadurch gehemmt werden. Beim Atmen nämlich geht das Zwerchfell wie der Stempel einer Dampfmaschine stetig auf und nieder und treibt bei jeder tiefen Einatmung die Unterleibsorgane vor sich her, so daß der Bauch vorgewölbt wird. Diese Vorwölbung wirkt

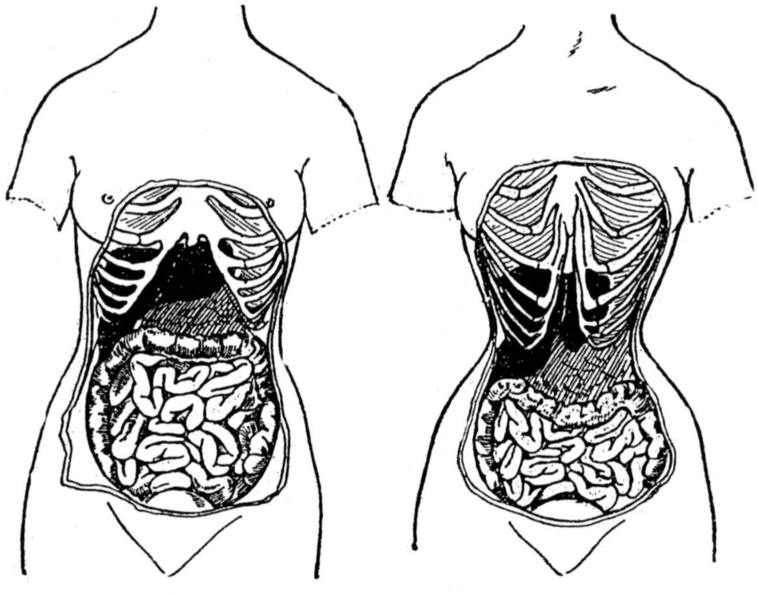

Fig. 81. Folgen der Schnürung auf Knochen und Eingeweide.

Zeitgenössische Abhandlung

ansaugend auf das Venenblut im Gebiete des Unterleibes und der Beine, hebt es gewissermaßen dem Herzen zu und unterstützt so den gesamten Blutlauf aufs wirksamste. Das starre Korsett aber hindert durch seine festen Einlagen in der Mittellinie des Körpers das Vorwölben des Bauches und macht so ausgiebiges Zwerchfellatmen unmöglich. Das führt dann zu Stauungen in den Unterleibsorganen und den Beinen mit ihren unheilvollen Folgen: Blutwallungen, unregelmäßige und schmerzhafte Monatsblutung, Verlagerungen der Gebärmutter, Stuhlträgheit, Krampfadern usw. Die Schädlichkeit des starren Korsetts wird keineswegs vermindert, wenn man es aus durchbrochenem Stoff herstellt; das Übel liegt bei den festen Schienen in der Mittellinie des Körpers. Seitlich angebrachte biegsame Stäbchen sind weniger von Belang.

Ich lege öfter meinen Patientinnen die Frage vor: Warum tragen Sie ein Korsett?" Fast alle antworten: „Ich habe sonst keinen Halt." Die Antwort ist bezeichnend. Die Geradehaltung des Oberkörpers wird durch die Rumpfmuskulatur bewirkt. Benutzt man von Jugend auf das Korsett als Stütze, so werden die Rumpfmuskeln mehr oder minder außer Tätigkeit gesetzt. Organe aber, die dauernd untätig bleiben, verkümmern allmählich. Wenn unsere Frauen von Jugend auf tüchtig laufen und springen, spielen und turnen, schwimmen und rudern wollten, so

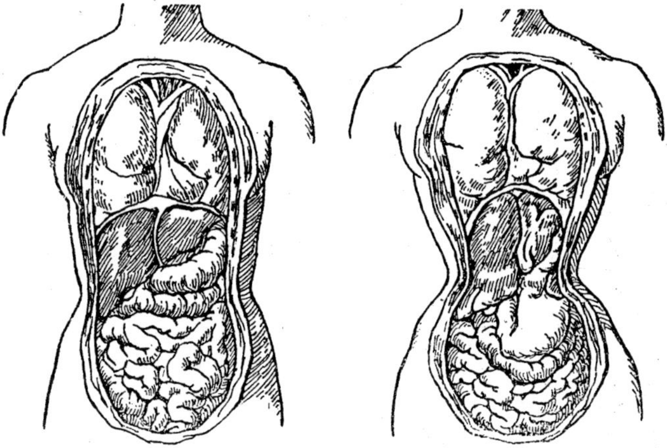

Fig. 82. Verschiebung der Brust- und Bauchorgane durch das Korsett.

würden sich auch die Muskeln kräftig entwickeln und hätten dann eine Stütze nicht nötig. Bei verkümmerter Muskulatur freilich läßt sich das stützende Korsett nur schwer entbehren.

Auch die Brustdrüsen verkümmern unter dem Druck des Korsetts, und die Hemmung der Blutzirkulation macht sich oft in der Gesichtshaut bemerkbar. Sie hat bei der Korsettträgerin selten die natürliche rosige Frische.

Zeitgenössische Abhandlung

wie ein Extrakt abgekocht... Viele Jahre später, es war im Feber des Jahres 1910, ließ Kaiser Franz Joseph aus seiner Hofküche eine solche eigens zubereitete Kraftsuppe dem schwer erkrankten... Dr. Karl Lueger senden. Doch Lueger verweigerte schon Wochen hindurch jede Nahrungsaufnahme... Bevor Kaiserin Elisabeth zur Jagd ritt, nahm sie eine Suppe zu sich, worin Rindfleisch, Huhn, Reh und Rebhuhn zu einem Extrakt verkocht waren. Hinzu kamen noch zwei Glas Wein. Ihre Köchin, die bereits erwähnte Theresia Teufel, erzählte unter dem Siegel der Verschwiegenheit, daß für die Kaiserin Elisabeth einmal ein ganzer Ochse gekocht werden mußte. Von der daraus gewonnenen Essenz ernährte sie sich tagelang... Einmal, es war in Cap Martin an der französischen Riviera, sah Kaiser Franz Joseph im Zimmer der Kaiserin eine Flasche mit roter Flüssigkeit stehen – es war der Saft von sechs Kilogramm ausgepreßtem Ochsenfleisch. Sich abwendend, murmelte der Kaiser ‚Schrecklich!' und ging kopfschüttelnd davon."

Milch und Eis als Kraftspender

Weiter berichtet Cachée über die Vorliebe Sisis für Eis, vor allem „Veilchen-Eis". Allerdings wurde das Rezept absolut linienfreundlich abgewandelt. Kein Obers, kein Rahm, sondern ganz asketisch lautete das Rezept: „Eine Handvoll Veilchenblätter wird im Mörser zerstoßen. Dazu werden etwas warmes Wasser und 125 Gramm Zucker gegeben. Nach einer Stunde kommt die Masse ins Gefrierfach, um dann serviert zu werden."

Über Sisis täglichen Milchgenuß wußte Cachée: „Zur diätischen Ernährung nahm sie besonders gerne Milch, die allerdings einwandfrei und roh, direkt von der Kuh oder von der Ziege kommen mußte. Daher ließ Franz Joseph nur erstklassige Kühe im Schönbrunner Tirolergarten als Milchspender für seine Gemahlin einstellen. Diese Kühe wurden ständig von einem Tierarzt überprüft. Auch auf den weiten Seereisen wurden Kühe oder Ziegen zur Milchversorgung der Kaiserin mitgeführt."

Éugenie, Kaiserin von Frankreich, galt lange Zeit als Konkurrentin an Schönheit, ebenso ihre Schwägerin Charlotte von Mexiko

Lola Montez, Tänzerin und Geliebte König Ludwigs von Bayern

Im höheren Alter scheint die Kaiserin sich aber doch von der rigorosen Schlankheitsdiät abgewandt zu haben. Denn ihre letzte Hofdame, Irma von Sztáray, berichtet in ihren Erinnerungen durchaus auch von normalen Essensgewohnheiten: „...Nachdem wir unsere Einkäufe besorgt hatten, nahmen wir Eis. Diese Erfrischung liebte die Kaiserin ganz besonders, sie war überhaupt in der Wahl ihrer Nahrung eher exzentrisch. Milch genoß sie am ständigsten. Es gab Tage, an denen sie ausschließlich von Milch lebte, an anderen wieder aß sie nur Orangen. Gebratenes Fleisch nahm sie zumeist kalt, den Süßigkeiten sprach sie nur wenig zu, weil sie das Stärkerwerden fürchtete. Diese launenhafte Ernährungsweise hatte aber nichts mit ihrer Gesundheit zu tun, denn es kam nicht selten vor, daß sie, wenn es ihr paßte, ein ganzes Diner mit gutem Appetit verspeiste. Ihr Frühstück, zu dem in der Regel Tee oder Milch, Butter, Eier, kaltes Fleisch serviert wurden, nahm sie gegen 9 Uhr; ihr Diner um 5 oder 1/2 6 Uhr bestand aus Braten, Gemüse und dem unvermeidlichen Eis..."

Weiter verriet die Sztáray: „Die Kaiserin wog sich fast täglich, um so ihre Gewichtszunahme zu kontrollieren. Ich sah wiederholt das Journal, das sie darüber führte. Die eingetragenen Zahlen konnten keine bedeutenden Abweichungen aufweisen, dagegen fanden sich umso mehr Randbemerkungen..." Unter anderem zeichnete Sisi die Zeit auf, in der sie ihre Gewaltmärsche absolvierte.

Ganz nach dem Wunsch Sisis fiel einmal ein Ausflug aus, an dem die Kaiserin, ihre Hofdame und ihr Obersthofmeister Adam von Berzeviczy teilnahmen. Es ging von Aix-lex-Bains aus zur Grande Chartreuse: „Berzeviczy träumte von einem guten Mittagsbrot und war nicht wenig betroffen zu hören, daß es hier kein Hotel gäbe und die Frauen bei den Nonnen, die Herren aber bei den Kartäusern Verpflegung finden könnten. Mein Reisegenosse mochte nichts Gutes ahnen, denn er nahm sichtlich verstimmt von mir Abschied und begab sich nach dem berühmten Kloster... Wir bekamen ein Fastenessen aus getrockneten Fischen, Eiergerichten und trockenem Fisolengemüse..."

Als Summe aller dieser Entbehrungen und einer unausgewogenen Kost stellten sowohl Hofarzt Dr. Kerzl wie auch Professor Nothnagel, ebenfalls Arzt am Wiener Hof, 1897 „starke Anämie und hochgradige Nervosität“ bei der Kaiserin fest. Wie so oft, wurde eine Kur mit eisenhaltigem Brunnen verordnet. Diese absolvierte Sisi in Langenschwalbach, während eine andere Kur mit Massagen gegen die Ischiasbeschwerden bei dem berühmten Dr. Metzger in Paris scheiterte, weil dieser sich weigerte, die Kaiserin kürzer als ein halbes Jahr zu behandeln. Förmlich erleichtert brach man wenig danach in den Süden auf. Eine Therapie von Professor Nothnagel in San Remo hatte bald Erfolg! Die partielle Nervenentzündung wurde behoben und lange Spaziergänge konnten erneut unternommen werden.

Ob ein Glas Milch, das letzte ihres Lebens, das sie am 10. September 1898 trank, schuld daran war, daß sie ihrem Mörder begegnete, wie ihre Hofdame in ihren Memoiren schrieb, sei dahingestellt. Jedenfalls war dies die Meinung der Gräfin Sztáray: „...Inzwischen trank die Kaiserin mit sichtbarem Genusse ein Glas Milch. ‚Majestät‘, mahnte ich, ‚es ist 1 Uhr 30 Minuten, gehen wir, wir verspäten uns.‘ – Sie aber schwenkte jetzt mit vollster Seelenruhe das Glas aus, aus dem sie getrunken hatte und reichte es mir dann mit einem unendlich lieben Lächeln: ‚Na, na, Irma, erst kosten Sie diese herrliche Milch!‘ Das Glas zitterte in meiner Hand und eine nervöse Angst bemächtigte sich meiner, während ich daraus trank. Es zu leeren, war ich unfähig.“

Ihre furchtbare Ahnung trog sie nicht. Die Kaiserin begegnete ihrem Mörder und starb wenig später.

Verlorene Schönheit

Obwohl sie so attraktiv erschien wie je zuvor, was auch Fotografien bezeugen, fühlte Sisi selbst längst ihre Schönheit schwinden. Mit 53 Jahren schrieb sie resigniert: „Sobald ich mich altern fühle, ziehe ich mich ganz von der Welt zurück. Es gibt nichts ‚Grauslicheres‘, als so nach und nach zur Mumie zu werden und nicht Abschied nehmen zu wollen vom Jungsein. Wenn man dann als geschminkte Larve herumlaufen muß – pfui!

Mit Hund „Shadow", Photographie um 1860

Vielleicht werde ich später immer verschleiert gehen, und nicht einmal meine nächste Umgebung soll mein Gesicht mehr sehen."

Der verliebte Vorleser Christomanos hingegen schwärmte die damals Vierundfünfzigjährige an: „Der ganze Vormittag war der Waschung ihrer Haare gewidmet worden. Dies geschieht alle 14 Tage. Deswegen trug sie das Haar jetzt offen über den Rücken... Ihr Anblick in solcher Gestalt, wenn sie die Krone aufgelöst hat und nicht mehr die Stirne unter ihrem Gewicht neigen muß, ist womöglich noch anmutiger und dabei majestätischer, ihrem wahren Wesen angemessener. Sie ist dann auch mehr äußerlich Dryade, mehr Nymphe und Nereide. Eine ungeahnte Jugend entstrahlt ihrem Antlitz, ein Glück fast aus ihren Augen..."

Sisis Klagen über ihr fortschreitendes Alter mußte ihrem jungen Vorleser umso paradoxer erscheinen, wenn er mit ihr dann folgendes erlebte: „Am 1. Jänner 1892 ließ sie mich heute vor dem Ausfahren nochmals in den Salon rufen. An der offenen Türe zwischen dem Salon und ihrem Boudoir waren Seile, Turn- und Hängeapparate angebracht. Ich traf sie gerade, wie sie sich an den Handringen erhob. Sie trug ein schwarzes Seidenkleid mit langer Schleppe und von herrlichen schwarzen Straußfedern umsäumt. Ich hatte sie noch nie so pompös gekleidet gesehen. Auf den Stricken hängend, machte sie einen fantastischen Eindruck, wie ein Wesen zwischen Schlange und Vogel. Um sich niederzulassen, mußte sie über ein niedrig aufgespanntes Seil hinwegspringen. ‚Dieses Seil', sagte sie, ‚ist dazu da, damit ich das Springen nicht verlerne. Mein Vater war ein großer Jäger vor dem Herrn, und er wollte, daß wir wie die Gemsen springen lernten... Wenn die Erzherzoginnen wüßten', sagte sie, ‚daß ich in diesem Kleide geturnt habe, sie würden erstarren. Aber ich habe dies nur en passant getan, sonst erledige ich diese Sache immer in der Frühe oder abends. Ich weiß, was man Fürstlichkeiten schuldig ist!"

Die sportliche Turnerin war damals fünfundfünfzig Jahre alt. Allerdings blieb Sisi ihrem Vorsatz treu, wenn möglich ihr Gesicht nicht mehr zu zeigen, sondern mit Fächer oder Schirm abzudecken. Auch darüber hat Christomanos berichtet: „So gingen wir... den Weg zur Gloriette gegen das Schloß zurück. Ich blickte da wieder zu jenem Schirme und jenem

Fächer auf – dem berühmten schwarzen Fächer und dem allbekannten weißen Schirme –treuen Begleitern ihrer äußeren Existenz, die fast zu Bestandteilen ihrer körperlichen Erscheinung geworden. In ihrer Hand sind sie nicht das, was sie bei anderen Frauen bedeuten, sondern nur Embleme, Waffen und Schilde im Dienste ihres wahren Wesens. Wenn sie hoch auf dem Gipfel eines Berges steht... dann schließt sie den weißen Schirm, dann senkt sie den schwarzen Fächer von der Blässe ihres Antlitzes... Nur das äußerliche Leben der Menschen als solches will sie damit abwehren, es an sich selbst nicht zur Geltung kommen lassen..."

Andere Zeitzeugen, die ganz sicher keine Schmeicheleien anbringen, wie etwa der Ungar Kalman Mikszáth, schildern den Anblick, den die Neunundfünfzigjährige 1896 beim Milleniumsempfang in Budapest bot: „Dort sitzt sie im Thronsaal der königlichen Burg in ihrem schwarzen, mit Spitzen durchwirkten ungarischen Gewand. Alles, alles an ihr ist düster. Von dem dunklen Haar wallt ein schwarzer Schleier herab. Haarnadeln schwarz, Perlen schwarz, alles schwarz, nur für das Antlitz marmorweiß und unsagbar traurig... Eine Mater dolorosa. Es ist noch dasselbe Antlitz von einst, das man von den bezauberndsten Bildern her kennt: die freien, edlen Züge mit dem vorne kurzgeschnittenen Haar, das seidenen Fransen gleich ihre Stirne umweht, und darauf das üppige Haargeflecht, die schönste aller Kronen. Sie ist es noch, doch der Kummer hat seine Spuren in dieses Antlitz eingegraben. Es ist noch dasselbe Bild, aber wie in einen Nebel gehüllt. Die Wimpern verdecken ihre lebhaften, lieben Augen. Still und unempfindlich sitzt sie da, als sähe und höre sie nichts. Nur die Seele scheint weit in die Ferne zu schweifen. Keine einzige Bewegung, kein einziger Blick verrät Interesse. Einer marmorbleichen Statue gleicht sie... Da nennt der Redner auch den Namen der Königin. Sie zuckt mit keiner Wimper, doch mit einem Mal braust ein Eljen auf, wie es die Ofener Königsburg noch nie gehört... Und da bewegt sich das bisher unempfindliche majestätische Haupt. Leise, kaum sichtbar, nickt es Dank. Eine wunderbare Anmut liegt darin. Noch stärker erdröhnt das Eljen und hört minutenlang nicht auf und tost immer wieder empor... Das Eljen will nicht enden, der Redner muß innehalten, die Königin beugt das Haupt.

Photographie aus der Zeit nach Kronprinz Rudolfs Tod, als die Kaiserin nur noch schwarz trug

Das schneeweiße Antlitz beginnt sich zu färben. Leicht rosa wird das Weiß, von der Farbe der frischen Milch mit rosigem Schimmer darüber, dann wird es rot, über und über rot wie das Leben. Wie zauberhaft! An der Seite des Königs sitzt nun eine Königin in der Farbe des Lebens. Ihre Augen öffnen sich weit, der alte Glanz schimmert hervor. Sie, die einst so berückend zu lächeln wußten, daß sie ein trauriges Land trösteten, füllen sich mit Tränen... Die hohe Frau führt das Spitzentuch an die Augen, trocknet die Tränen... Aus dem Antlitz der Königin weicht langsam die Röte des Lebens, und bald sitzt an der Seite des Königs wieder die in Trauer gehüllte Frau, die Mater dolorosa."

In mehreren Porträts wurde damals die melancholische Schönheit Sisis wiedergegeben. Nach Conte Corti mußte sie sich wenig später wieder in die Einsamkeit zurückziehen. Dieses Mal zuerst nach Lainz, dann nach Ischl. Dort hält sie Diät mit Milch und Eiern. Ihr Gewicht sinkt auf 46 Kilogramm ab, erschreckend für eine Frau von 1,72 m Größe.

Wechselbäder – Im Kampf um das Gewicht

Vor allem Hofrat Dr. Kerzl wetterte jahrzehntelang gegen das ständige Wiegen und Abnehmen der Kaiserin. Nach Conte Corti und den Mitteilungen ihrer Hof-Kammerdienerin von Henike nahm sie im September 1897 „öfters Dampfbäder und unmittelbar darauf ein nur siebengrädiges kaltes Vollbad." Natürlich steigerte sich die Nervosität noch mehr. Als sie Anfang Dezember nach Biarritz aufbricht, schickt der Kaiser ihr besorgt Dr. Kerzl nach. „Er kommt an, läßt sich über die Lebensweise der Kaiserin, die Karlsbader Kur, die ihr niemand verordnet hat, die merkwürdige Ernährung, das fortwährende Wägen berichten und ist ganz entsetzt." So Conte Corti. „Sofort stellt er das Karlsbader Wasser ab, weil er überhaupt nicht weiß, wozu die Kaiserin solches trinkt, und bittet dringend, sie möge mehr essen und etwas Wein zu sich nehmen..."

Eine Weile hält Sisi sich an diese Anweisungen. Dann reist sie nach Biarritz und macht wieder Kuren, nimmt obendrein Schwefel- und Eisen-

Photographie mit ihrem legendären geflochtenen Haar

pillen. Blaß und mager, schwach und müde findet Sisis Tochter Valerie, die auf Besuch kommt, ihre Mutter. Sogar dem Kaiser, der auch herbeieilt, glückt es nicht, seine Gattin zu normaler Nahrung zu bringen. Es gelingt nicht! Umso mehr müssen wohl psychische Verstimmungen und Depressionen dafür verantwortlich gemacht werden. Sicher hat Sisi im vorgerückten Alter auch schmerzlich das Reiten entbehrt, das sie seit Kindertagen am Starnberger See gewöhnt war. Doch nach dem schweren Unfall bei Sassetôt 1875 war die Vorliebe für diesen Sport merklich abgekühlt.

„Hippo-Therapie" ist heute eine spezielle Form der Behandlung von Behinderten, aber auch überlasteten und psychisch gestörten Menschen. Die harmonische Bewegung auf dem Pferderücken, ob im Schritt oder im Galopp, wirkt entspannend und beruhigend auf den Reiter. So gesehen, hat Sisi jahrzehntelang instinktiv ihre auffällige Nervosität und innere Unruhe mit dem Reitsport bekämpft. Dazu kam bei ihr noch der Wettstreit mit ihren männlichen Begleitern, der sie bei manchem Graben, mancher Hürde frohlocken ließ, die einem ihrer Ehrenkavaliere zum Verhängnis wurde. Solche Erfolgserlebnisse stärkten ihr Selbstvertrauen, gaben ihr positive Impulse, ließen sie daneben auch nicht soviel zum Nachdenken kommen, in Grübeleien versinken, wie sie später bei ihr auftraten.

Hinzu kam der ästhetische Genuß, die Freude an edlen Pferden, die Sisi ihr Leben lang beseelte. Viele ihrer Pferde waren berühmt, wie zum Beispiel der „Königsschimmel", den sie auch auf Reisen nach England mitnahm. Vom März 1876 berichtet Conte Corti: „In Easton Neston… ist Sisi stundenlang im Sattel, ihre Umgebung immer in Todesangst um sie. Elisabeth aber macht kühn und leidenschaftlich weiter."

Jogging, Bodybuilding, Fitnesstraining

Zur „schönsten Großmutter Europas" wurde Sisi mit ihrem 37. Lebensjahr triumphierend erkoren, als die älteste Tochter, Gisela, Mutter wurde. Doch für ihre Zeit galt sie als exaltiert in ihrem Bewegungsdrang. Ihr Wunsch, sich schlank und fit zu halten auf alle nur möglichen Arten, wurde ihr damals als Marotte ausgelegt. Ja, man flüsterte in Hofkreisen sogar von Irrsinn und verglich etwa die weiten Spaziergänge im Geschwindtempo mit den wilden Kutsch-Fahrten ihres Cousins Ludwig II. von Bayern.

Für uns wäre sie so normal wie viele andere, die ihre Freizeit in Body-Building-Centern und Fitness-Studios verbringen. Daß Sisi in jedem ihrer Schlösser einen Turnsaal hatte, mit Geräten wie Sprossenwand, Ringen, Matten, Sprungseilen, wurde wenn möglich sogar verschwiegen. Daß sie sich mit Begeisterung auf den Fechtsport stürzte, gern und lange schwamm, Bergwanderungen unternahm, legten ihr die eher trägen Hofschranzen als unbotmäßige und einer Kaiserin unwürdige Exzesse aus.

Sie aber hatte einzig den Wunsch, ihren geschmeidigen Körper zu stählen, ihre Kondition zu verbessern und in ihrem zähen Ringen um Erhaltung ihrer Schönheit nicht nachzugeben. Es gab allerdings auch Menschen in ihrer Umgebung, die ihr Anerkennung zollten, wie etwa den Flügeladjutanten *Freiherrn von Gemmingen*, der nach einem Riesenspaziergang am 23. April 1882 anerkennend bemerkte: „Alle Achtung, Majestät, das war ein Spaziergang, das ist eine Leistung, und ich bin doch als Jäger das Gehen gewöhnt." Kaiser Franz Joseph hingegen, der solchen Ambitionen seiner Gattin immer ablehnend gegenüberstand, fragte Marie Festetics skeptisch: „Leben Sie denn noch? Das hat ja schon keinen Namen." Worauf sie damals nach Conte Corti meinte: „Wir befinden uns ganz wohl, Majestät, nur hungrig sind wir, wir haben gar nichts gegessen." Später allerdings fällt eine nach der anderen der Hofdamen als „Promeneuse" aus. So erklärte 1881 Hofarzt Dr. Widerhofer: „Die Landgräfin Fürstenberg kann derartige Touren ohne ernste Gefahr für ihre Gesundheit nicht mehr mitmachen." Auch die stets gutwillige Ferenczy mußte bald resignieren. Sie war sehr klein und wurde korpulent, weshalb sie bei den Hungermärschen über viele Stunden nur schwer vorankam. Also wurde die junge Ungarin *Sárolta von Majlath* eingestellt, nicht ohne vorher auf ihre „Marschfähigkeit" untersucht worden zu sein.

Seit 1880 war Sisis Tag zwischen den einzelnen Sportarten exakt eingestellt: „In der Frühe Gymnastik, dann Fechten, dann sechs Stunden Lauf zu Fuß durch die Gegend oder weite Ritte in den Bergen und in der Ebe-

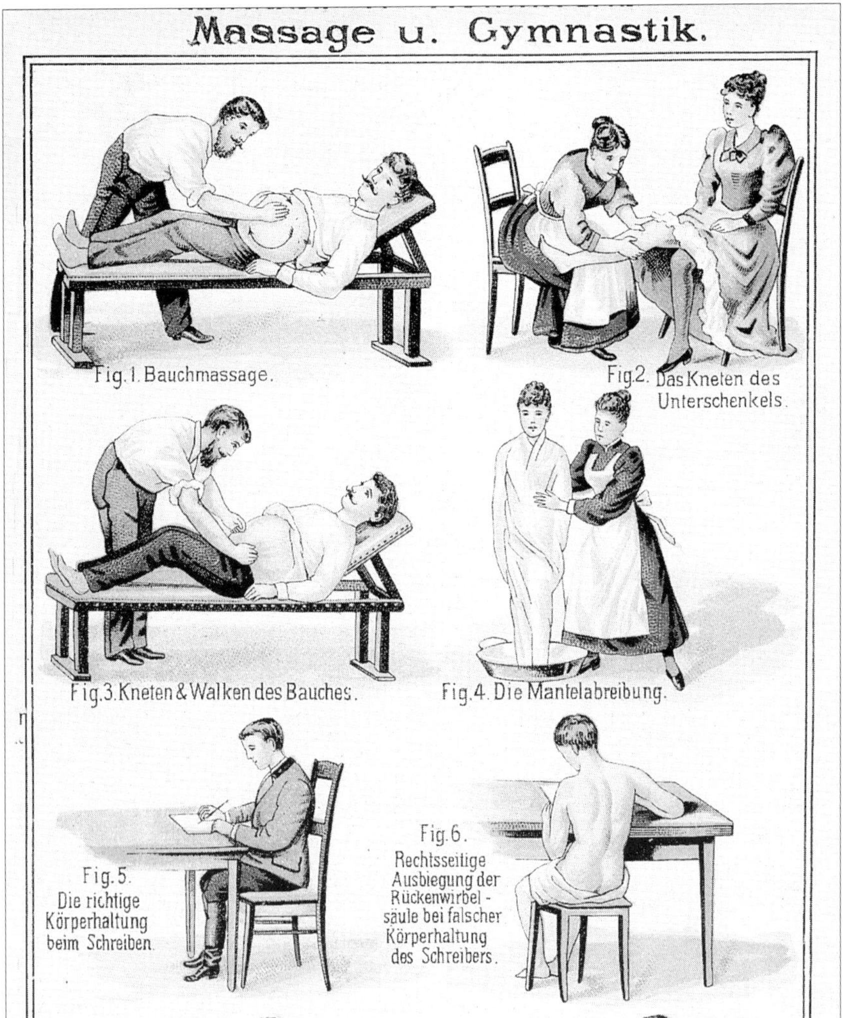

Zeitgenössische Darstellung

ne“, berichtet Conte Corti. Oft begleitete die fünfzehnjährige Marie Valerie die Mutter, was sie eines Tages in einem Zweizeiler treffend definierte:

Wir rannten wie die Wiesel
hinauf bis auf die Zwiesel.

Bald wurde es zum Hobby für die Kaiserin, ihre eigene Leistungsfähigkeit mit jener ihrer teils weit jüngeren Begleiterinnen zu vergleichen. Natürlich ging der Sieg stets an sie…

Ab Juli 1883 beugte Sisi sich der zunehmenden Unlust ihrer Hofdamen und beschloß eine Änderung bei Fußmärschen. Conte Corti läßt uns darüber wissen: „Die Kaiserin sieht ein, daß sie von ihren Hofdamen nicht mehr verlangen kann, daß sie siebendreiviertel Stunden gehen, wie es nun schon etwas Alltägliches wird. Darum nimmt sie Leute mit Tragsesseln mit, nicht für sich, sondern für ihre Hofdamen. Der Gipfelpunkt wird bei einem Ausflug zu den Langbathseen und zum Ammersee erreicht. Dabei geht die Kaiserin achtdreiviertel Stunden.“

Erst die Vorhaltungen des Pariser Arztes und Masseurs Dr. Metzger, daß sie bei Fortführung der Gewalttouren und Hungerkuren „in 2 Jahren alt und runzelig wäre“, brachten sie zur Besinnung. Etwa ab 1885 aß Sisi wenigstens zeitweilig normal und fing an, sich mehr um die Pflege ihrer Haut zu bekümmern.

Von ihrer Nichte Marie Larisch-Wallersee wissen wir, daß Sisi „auf keine bestimmte Gesichtspflege eingeschworen war.“ In ihren Lebenserinnerungen verrät die Nichte weiter: „Manchmal gebrauchte sie nur eine einfache Toilettecreme, gelegentlich trug sie nachts eine Art Maske, die innen mit rohem Kalbfleisch ‚gefüttert‘ war. In der Erdbeerzeit bestrich sie sich Gesicht und Hals mit der zerdrückten Frucht.“

Exerzitien einer Kaiserin

Und so sahen Sisis Exerzitien aus:

Keulenschwingen:

In jeder Hand eine Keule am schlanken Ende halten. Im lockeren Stand

Toilettezimmer mit Turngerät in der Hofburg

Kaiserliche Damenschuhe, Seide mit Spitzenbesatz, Schuhgröße 38, um 1880

jeweils einen Arm zurückschwingen, dabei in den Knien nachfedern, Oberkörper geht mit, der Blick folgt dem zurückschwingenden Arm, die Körperhaltung ist aufrecht.

Beide Arme mit den Keulen nebeneinander über den Kopf führen und wieder senken. Dabei locker neben dem Körper ausschwingen lassen. auch hier mit den Knien nachfedern.

Jeweils mit einem Arm einen Kreis nach hinten über den Kopf ausführen. Wie Windmühlenflügel zügig ohne Pause rhythmisch im Wechsel, wobei die Knie mitfedern, die Arme kreisen.

Gymnastik mit Hanteln:

Hanteln mit jeder Hand fest umgreifen. Im Wechsel eine Hantel in Schulterhöhe vorstoßen.

Dasselbe nach oben über den Kopf ausführen, jeweils ein Arm wird über den Kopf gestreckt, die Hantel zeigt nach oben.

Jeweils einen Arm in Schulterhöhe zur Seite führen.

Dasselbe mit beiden Armen gleichzeitig ausführen, dabei exakt in Schulterhöhe bleiben.

Dieselbe Übung, jedoch die Arme von den Seiten im Halbkreis nach vorn führen, so daß sich die Hanteln berühren und wieder mit Schwung zur Seite mit Nachfedern. Danach Arme senken und locker schwingend auspendeln lassen.

An den Ringen:

Mit beiden Händen jeweils einen Ring fest umgreifen. Mit Schwung vom Boden abkommen und eine Rolle über den Kopf machen. Am Boden aufsetzen. Die Ringe nicht loslassen, sondern auf dieselbe Weise wieder zur Grundstellung zurückspringen.

Diese akrobatische Übung war es vermutlich, über welche der griechische Vorleser Christomanos berichtet. Sie schien ihm umso verblüffender, als die Kaiserin sie im seidenen Gesellschaftskleid ausführte.

Für sie hingegen gehörte sie zum täglichen Trainingsprogramm auf allen ihren Schlössern.

Niemand war Zeuge, doch hat die Kaiserin sicher Hänge-Übungen an ihrer Sprossenwand in der Hofburg und in Laxenburg ausgeführt.

1. Beide Hände umgreifen über den Kopf gestreckt gleichseitig eine Sprosse.
   Beine angebeugt fest hochziehen.
   Beine in dieser Haltung strecken und beugen.
   Wieder zum Boden zurückführen.

2. Mit dem Gesicht zur Sprossenwand mit beiden Händen über dem Kopf gleichseitig eine Sprosse umgreifen, locker hängen.
   Die gestreckten Beine rückwärts hochziehen.
   In dieser Haltung Beine nach links und nach rechts führen.
   Füße zum Boden zurückstellen.

3. Füße auf die unterste Sprosse stellen.
   Die Hände umgreifen in Schulterhöhe eine Sprosse, dicht nebeneinander.
   Die Füße auf die jeweils höhere Sprosse stellen, dabei mit allen Gelenken geschmeidig nachfedern.
   In die Ausgangsstellung zurück.

4. Beide Füße nebeneinander auf die unterste Sprosse, mit den Händen in Schulterhöhe Sprosse umgreifen, im Wechsel Körper zur Sprossenwand heranziehen und zurückführen.

Im Damensattel

Warme Olivenbäder für die Figur

Eine eigenwillige Pflegemethode, die ihr vermutlich nicht von Hofärzten verordnet worden war, stellten die warmen Olivenölbäder dar, die Sisi nach Auskunft ihrer Nichte oft nahm. Dabei ereignete sich einmal ein großes Malheur, das schlimm hätte ausgehen können. „Da war das Öl fast kochend, und sie entging mit genauer Not dem furchtbaren Tode so mancher christlicher Märtyrer", lamentierte die Nichte Wallersee. Andere asketische Methoden, ihre überschlanke Figur zu erhalten, bestanden etwa in feuchten Essigtüchern, welche die Kaiserin sich abends um die Hüften schlang. Als der Kaiser einmal von dieser Gewaltkur erfuhr, war er entsetzt. Ebenso wie von einer nur kurz eingehaltenen Diät, welche nach dem Bericht der Nichte „aus einer Mixtur von fünf bis sechs Weißeiern mit Salz" bestand. Sie sollte den ganzen Tag als Nahrung ausreichen und eine rigorose Gewichtabnahme garantieren.

Neben solchen abstrusen Methoden waren es in jener Zeit aber zum Glück die Hofärzte, welche sämtliche Kosmetika verordneten. Speziell für die Kaiserin, aber auch für den gesamten Hof mit allen Familienmitgliedern bis zur sogenannten „Kindskammer", ja bis zum Hofpersonal, wurde kein Kosmetikum, kein Körperpflegemittel, kein Zahnpulver oder Augenwasser ohne exakte Rezeptur bei der Hofapotheke bestellt. Da es um die Jahrhundertwende sehr wenige Kosmetikfirmen gab, wurde alles erst angefertigt. Sämtliche Rezepturen finden sich in den Hof-Apothekenbüchern oder Manualen.

Speziell bei pflegenden Hautcremes wurde jedoch damals mangels geeigneter Salbengrundlagen auf „natürliche" Substanzen zurückgegriffen wie Schweineschmalz. Dieses „Adeps Suili" wurde, um seinen unangenehmen Geruch zu überdecken, mit Rosen- oder Orangenblütenwasser parfümiert. Auch das Unguentum Rosatum war schlicht und einfach – Schweineschmalz. Zugesetzt wurden zur besseren Haltbarkeit, weil solches Schmalz leicht ranzig wird, immer wenige Tropfen Benzoetinktur. Als „Benzoe-Schmalz" kam es in den Handel. Seine Wirkung war beachtlich, weil es leicht in die Haut eindrang und vielseitig verwendbar war für Salben, Cremes und Seifen.

Heute wird Schweineschmalz kaum mehr verwendet. Unsere Apotheken führen es nur auf Bestellung.

Der Siegeszug des Lanolin

Zu den Grundstoffen aus tierischen Fetten und Ölen, mit welchen schon vor der Jahrhundertwende alle Arten von Salben und Cremes hergestellt wurden, gehört das 1885 nach Österreich eingeführte Wollfett Adeps Lanae in seiner gereinigten, mit destilliertem Wasser versetzten Form. Ungereinigtes Wollfett aus dem Schaffell hatte es bereits im Deutschen Arzneibuch von 1565 gegeben. Das wasserhaltige Wollfett, Lanolin genannt, wurde in vielen Versionen und Abwandlungen von den Hofärzten als Salbengrundlage verwendet. Im Gegensatz zum Schweineschmalz wird es nicht ranzig, nimmt leicht bis zu 100% Wasser auf, wird von der Haut gut absorbiert und enthält wertvolle biologische Baustoffe.
Ganz besonders oft findet sich in Schönheitscremes jener Zeit das Bienenwachs, Cera Apium. Es wird aus den echten Waben der Honigbienen gewonnen und ist nach wie vor wichtiger und wertvoller Bestandteil vieler hervorragender Cremes, auch heute.

Gänzlich anders sieht es beim Walrat aus, das in kaum einer guten Pflegecreme jener Zeit fehlte. Das Cetaceum aus den Stirnhöhlen und Rückgratknochen verschiedener Wale, hauptsächlich aber des Pottwals, wird aufgrund des Artenschutzabkommens heute durch künstliches Walrat ersetzt. Früher galt echtes Walrat als unersetzlich. Eine echte „Cold-Creme", wie die Damen des Hofes sie ständig benutzten, war ohne echtes Walrat undenkbar. Synthetische Wachse gab es damals noch nicht.

Hochbeliebt und vielverwendet war damals schon Sesam-Öl. Es durfte in Sisis Cold-Creme nicht fehlen. Oleum Sesami besteht, denn auch heute wird es verwendet, aus dem Samen des Sesams und anderer in den Tropen angebauter Samenpflanzen.

Zeichnung von Josef Marasztoni

Heute findet Sesam-Öl vor allem in der Vollwertküche Verwendung. Für Kosmetika weicht man auf Öle wie süßes Mandelöl, Rizinus-Öl und Weizenkeim-Öl aus, die preisgünstiger sind.

Ein weiterer unverzichtbarer Bestandteil pflegender Hautcremes und sonstiger Kosmetika ist bis in unsere Zeit das Glyzerin geblieben. Schon in der guten alten „Creme Simon“ fehlte das Glyzerin nicht. Da es stark wasseranziehend wirkt, ist es auch in modernen Kosmetika oft zu finden. Immerhin gibt es inzwischen aber Austauschstoffe, welche nicht die unangenehme Wirkung des reinen Glyzerins haben, der Haut stark Wasser zu entziehen. Auch Hautreizungen und Entzündungen, wie sie durch überreichliche Dosierung mit Glyzerin immer wieder auftreten können, werden bei solchen neuen Ersatzstoffen nicht beobachtet.

Pflegemittel aus der Küche

Mit einigem Erstaunen registrieren wir heute Beigaben zu Kosmetika jener Zeit wie Gelatine, Mandelmehl, Reisstärke. Man bediente sich also gern solcher Zutaten aus der Speisekammer, zu denen auch Quittenkerne, Leinsamen, Bienenhonig, Joghurt, wie überhaupt Milch in jeder Form, gehörten. Einhundert Jahre danach sind wir mit der Natur-Kosmetik wieder zu diesen wertvollen Ressourcen zurückgekehrt. Dasselbe gilt für Haartönungen! Vermutlich ließ Sisi ihre Haare im vorgerückten Alter mit Indigo – auch Reng genannt – dunkel tönen. Dafür wurde auch ein Haarfärbemittel aus grünen Nußschalen – Cortex viridis Juglandis – verwendet, das im Gegensatz zu unseren heutigen chemischen Haarfarben völlig ungiftig war und keine Nebenwirkungen hatte. Ganz harmlos war auch der Lidstrich jener Zeit, der ebenso wie das heute vielverwendete indische Khajal schlicht und einfach aus Lampenschwarz bestand. Von Kaiserin *Eugénie von Frankreich*, einer ebenso eitlen wie schönheitsbewußten Dame, ist bekannt, daß sie sich bis zu ihrem Ableben mit 93 Jahren die Augen stark ummalte. Der französische Chronist *Maurice Paléologue* schrieb nach einer Begegnung mit der Ex-Kaiserin: „...Ihre lebhaften...

Augen leuchten in einem düsteren Feuer, in dem sich der Kunstgriff des schwarzen Stiftes verrät, der den Rand der verblaßten Lider nachgezeichnet hat."

Zwar verabscheute Kaiserin Elisabeth solche künstlichen Nachhilfen und hatte sie auch nicht nötig, doch andere weibliche Mitglieder des Hofes bedienten sich durchaus der Schminke und des Puders. Es gab schon Wangen- und Lippenrot, Pudersorten in vielen Nuancen. Verwendet wurden dafür entweder Farbstoffe aus Pflanzen wie das Alkannin (Krappwurzel) für Lippenpomaden, der Blauholzextrakt für Haarfarben, die Färberdistel (Safflor) für Lippenstifte und Schminken, Henna für Haarfarben, Kurkuma aus Gelbwurz zum Färben von Puder und Schminken. Oder man gebrauchte natürliche Farbstoffe tierischer Herkunft wie Cochenille aus der getrockneten Schildlaus für Puder, Schminken und Lippenstifte, Sepia aus der Farbstoffblase des Tintenfisches, das mit Wasser angerieben für Schminken und Augenbrauentuschen Verwendung fand. Schließlich kannte man schon im 19. Jahrhundert natürliche Mineralfarben: Roter Bolus, Caput mortuum, gelber Ocker, gebrannter Ocker, Ultramarinblau oder Umbra wurde feinst zerrieben Puder- und Schminkfarben zugesetzt.

„Schmankerln für die Haut" holte man sich aus der Speisekammer. Eier, Milch, Honig, Topfen, Schmalz, Butter, dazu Früchte, Fruchtsäfte, Gemüsesäfte schmeckten der Haut ebenso wie dem Magen. Damals war man unverbildet! Niemand wäre auf die Idee gekommen, sich etwas ins Gesicht zu streichen, das magenunverträglich war. Heute enthalten superteure Kosmetika fast nur noch chemische Substanzen.

Sisi als Naturkind tat instinktiv genau das Richtige, wenn sie im Frühsommer reife Erdbeeren auf Gesicht und Hals als Maske verteilte. Rahm- und Topfenmasken waren Kosmetika allerersten Ranges. Masken aus frischem Dotter mit süßem Mandelöl führten der Haut Nährstoffe zu, besänftigten sie; glätteten Falten und Runzeln.

Gelees aus Quittenkernen oder Leinsamen, mit Rosenwasser angesetzt, strafften die Haut, gaben ihr mehr Fülle, stärkten die Konturen. Derselbe Effekt ließ sich durch aufgelöste Gelatine erzielen, die man erwärmten

Im Rosenkleid

Cremes zusetzte. Mit angefeuchtetem Mandelmehl (Mandelkleie) wurde die müde Haut abgerieben, was sie besser durchblutete und rosig frisch machte. Reisstärke, guten Pflegecremes zugesetzt, verstärkte den Straffungseffekt, stützte die müde, erschlaffte Haut, verlieh ihr verjüngtes Aussehen.

Andere Zusätze, die uns aus den Rezepturen überliefert wurden, wie Borax und Kampfer, wirkten fördernd auf die Durchblutung, konservierten die Cremes und stillten Juckreiz.

Die Geheimrezepte einer Zigeunerin

Geheimnisvoll wie die Schönheit waren auch die Mittel, sie zu erhalten. Romantische Legenden rankten sich um Menschen, die Rezepte besaßen, um Schönheit zu erhalten, Jugend zu bewahren. Zu wahrer Berühmtheit brachte es eine Zigeunerin in Bayern, deren Mixturen und Schönheitscremes schließlich auch Eingang am bayerischen Hof fanden. Sie hieß Amalie Hohenester und behandelte anfangs Sisis Bruder Ludwig wegen eines „Magenübels". In Mariabrunn, wo sie eine Kuranstalt eröffnete, fanden sich bald auch Erzherzöge und Großfürsten ein. Schließlich drang der Ruf dieser „Doktorbäuerin", die von anderen als Kurpfuscherin bezeichnet wurde, auch nach Wien. Angeblich kurierte sie die Kaiserin von einem häßlichen Hautausschlag, weshalb sie zur „kaiserlichen Hofärztin" erhoben wurde.

Viele ihrer Rezepte blieben geheim. Angeblich bestanden sie aus indischen Ölen, andere aus Mixturen wie Walrat, weißem Bolus, Tragant, Fango, Salepknollen, Pektin, Bienenwachs, Auszügen aus Kräutern und Blüten. Es mögen aber auch Substanzen darunter gewesen sein, welche gefährlich und hautschädigend wirkten. Da Sisis Nichte, Marie Wallersee, noch viele Jahre später eine dieser Schönheitscremes in Gebrauch hatte, kursierten „Hohenester-Rezepte" sicher auch weiterhin bei Nachfahren des Wiener Kaiserhofes. Und es ist nicht auszuschließen, daß manche Mixturen Eingang in die Manuale jener Zeit fanden.

Daß jedoch für die im Laufe der Jahre „wettergegerbte" Haut Sisis vor allem Öle und fetthaltige Cremes notwendig waren, steht außer Frage. Vom einfachen Schweineschmalz – Adeps Suillus – bis zum hochbeliebten süßen Mandelöl spannte sich der Bogen natürlicher Fette, die ohne Zusatz oder parfümiert, mit anderen Substanzen gemischt, der Haut- und Körperpflege dienten. Zu nennen wären Sesamöl, Reisöl, Aprikosenkernöl, Behenöl, Kakaobutter, Olivenöl (Jungfernöl), Rizinusöl. Sie alle enthalten homogene Substanzen und werden von der Haut restlos aufgenommen, im Gegensatz zu körperfremden Fetten wie etwa Vaseline und Paraffin, deren Verwendung in der Kosmetik – damals noch unbekannt – heute wieder weitgehend abgelehnt wird.

Viele Pflanzen- und Blütenöle waren schon seit dem Mittelalter bekannt, wie etwa das ätherische Öl aus Salbeiblättern, das in der Kosmetik bei Hautwunden, aber auch zur Aromatisierung von Zahncremes Verwendung fand. Rosmarinöl beschrieb schon Plinius in der Antike. Es wurde nicht nur Gesichtsmasken gegen erschlaffte, müde Haut zugesetzt, sondern fand sich auch in Dampfbädern, die Sisi immer wieder anwendete. Öl aus frischen weißen Lilien galt als schönheitsfördernd. Oft wurden frische Blüten auch in Olivenöl eingelegt und halfen dann bei Brandwunden zu rascher Heilung. Bei Sommersprossen und stark gebräunter Haut, welche damals als „unfein" galt, wirkte Lilienmilch-Creme bleichend.

Die Königin der Blumen, die Rose, war gleich Spenderin zweier wichtiger Schönheitspflegesubstanzen: des Rosenöls und des Rosenwassers. Im 19. Jahrhundert war kaum ein Kosmetikum denkbar, in welchem sich nicht zumindest ein Tropfen echten Rosenöls fand. Zur Herstellung feiner Cremes, vor allem auch der echten Cold-Creme, wie sie die Damen am Wiener Kaiserhof schätzten, aber auch für Gesichtswässer und Lotionen, war Rosenwasser unerläßlich. Zweifellos kannte und schätzte Sisi von ihren Aufenthalten in Südfrankreich die weiten Rosenfelder, auf denen Frauen vor Sonnenaufgang Rosenblätter einsammelten. Zwar machte die „Essence absolue de Rose" dem von ihr weit mehr geliebten Veilchenduft nicht den Rang streitig. Doch liebte die Kaiserin Rosen und erfreute sich an ihrem Duft. Wie Rosenwasser war auch Orangenblütenwasser in jenen

Toilette-Essigen enthalten, mit denen sie sich nach anstrengenden Wanderungen erfrischte. Die „Essence de fleurs d'Oranges de l'eau" war die ebenso beliebte Variante in Hautcremes, Gesichts- und Haarwässern ihrer Zeit.

Bekannt und viel verwendet wurde schon damals die Tinktur aus Blättern wie Rinde des mexikanischen Zauberstrauches, Hamamelis genannt. Toilettenmilch und Gesichtswässer erhielten ihre adstringierende, tonisierende Wirkung von diesem „Hexenstrauch" genannten Gewächs, das auch entzündungshemmend wirkt. Bei Hofe wurde ebenso oft Lavendelöl verwendet, vor allem auch als Mottenschutz in den Kleiderkammern, aber gleichfalls für biologisch wirksame Cremes und Salben. „Essence de Lavande absolue" findet sich immer wieder unter den Rezepturen der Hof-Apothekenbücher.

Königin Elisabeth im Budapester Café Gerbeaud, Gemälde von 1890

Heliogravure und Druck aus der k. k. Hof und Staatsdruckerei in Wien

Garderobentisch der Kaiserin mit Spiegelaufsatz

Sisis Mundköchin Theresia Teufel mußte jedes einzelne Rezept vorlegen und durfte nur kalorienarme Speisen für sie zubereiten. Dazu gehörten Kleingebäcke, die sie zum Morgenkaffee nahm.

Pouding von Frl. Teufel – Köchin Ihrer K.K. Majestät

8 Lth. Butter
12 Lth. Zucker
abtreiben
2 Dotter
nach und nach
8 Lth. in Milch
gestoßene Mandel
8 hartgekochte
passierte Dotter
2 Schnee

Omlette Svedois v. Frl. Teufel

6 Lth. Butter mit
8 Lth. Mehl anpassieren
1/2 Liter laue
Milch
6 Lth. Zucker
6 Dotter
6 Schnee
bei Schmankerl Gateau genau dieselbe Masse und in Dunst gehen lassen.

Zuckerdose der Erzherzogin Marie Valerie

Madeleines Ihrer Majestät

1/2 Pfd. Butter
20 Lth. Zucker
8 Dotter
8 Schnee
Limonigeschmack
1/2 Pfd. Mehlpuder
In Muschelform backen.

Zuckerteig Ihrer Majestät

6 Lth. Butter
1/2 Pfd. Mehl
2 Lth. Zucker
Wasser

Gemälde mit Hermelin und Krone

Für heutige Begriffe enthalten diese „mageren" Backwerke der Mundköchin immer noch zu viele Kalorien. Kein Wunder, wenn Sisi daher lieber zu „Reichenauer Zwieback" griff, den Theresia Teufel eigens für sie herstellte.
Der daraus geformte Wecken muß 3/4 Stunden rasten, dann erst gebacken, geschnitten und gebäht werden.

Reichenauer Zwieback

250 g Zucker
geschlagen mit
4 Eier
250 g Mehl

Etwas wohlschmeckender waren die
In Form oder Caspel zu backen, beliebig zu glasieren.

Champagner-Biscuit

150 Zucker
geschlagen mit
5 Eier
60 g Butter
90 g Erdäpfelmehl

Beliebte Bäckerei zum Nachmittagskaffee waren Sisis „Elisabeth-Kränzchen".
Es sind zackig ausgestochene Ringe, die bestrichen und mit Hagelzucker bestreut langsam gebacken werden, notierte die Mundköchin in ihr Rezeptbuch.

Elisabeth-Kränzchen

300 g Mehl
180 g Butter
120 g Zucker
1 Ei, Zimt, Zitronengeschmack

Von solchen bescheidenen Näschereien abgesehen, waren strenge Diätformen für die überschlanke Kaiserin großgeschrieben. Hungertage wechselten ab mit Saftfasten, Obsttage mit reinen Milchtagen, Molkenkuren mit Perioden, in denen nur die berühmte Kraftbrühe getrunken wurde, für welche einmal ein ganzer Ochse geschlachtet wurde. Daß sich dabei Magenbeschwerden einstellten, war kein Wunder. Durch den Eiweißmangel kam es zu Ödemen, zu Nervenschmerzen und -entzündungen, schließlich war das Herz angegriffen! Erst als der berühmte Naturarzt und Masseur Dr. Metzger sie 1884 eindringlich warnte, fing Sisi erschreckt an, normal zu essen. Kaum zeigte allerdings die Waage etliche Gramm mehr, ging die asketische Hungerei von neuem weiter. Treu blieb Sisi einzig der Milch- und Molkenkur. In den Hof-Apothekenbüchern findet sich eine Anleitung zur Herstellung von Molke. Gegen einige Gläser frischer Kuh- oder Ziegenmilch, wie auch frischer Molke, hatte keiner der Hofärzte etwas einzuwenden. Sicher wirkten sie durch ihren Gehalt an Kalzium einer Osteoporose entgegen, die sich ab 1870 in vielerlei Beschwerden ankündigte. Da halfen auch Massagen, Brunnenkuren, Bäder und Gymnastik wenig. Die Abnützung durch übermäßige Beanspruchung aller Gelenke war da und konnte nicht geleugnet werden.

Molkentasse

Elisabeths Leibköchin, Theresia Teufel

Gemälde mit Blumenarrangement von Franz Ruß

Mandel-Honig-Zwieback

2 Eier
125 g Bienenhonig
75 g Naturzucker (Zuckerrohr)
100 g süße Mandeln, geschält
2 EL Zitronensaft
Vanillemark
1 TL Sojamehl
200 g Weizenmehl
2 EL Butter

Die Eier trennen. Eigelb mit Honig und Naturzucker schaumig rühren. Eiweiß steif schlagen. Mandeln durch die Mandelmühle drehen.
Eigelb-Masse mit Mandeln und Eiweiß, Zitronensaft und Vanillemark zu einer cremigen Masse rühren. Soja- und Weizenmehl nach und nach unterheben.
Eine Kastenform mit der Butter ausfetten und den Teig einfüllen. Bei mittlerer Hitze goldgelb backen. Nach dem Auskühlen aus der Form stürzen und in Scheiben schneiden.
Die Zwiebäcke können luftgetrocknet oder noch kurz in den leicht erwärmten Backofen zurückgestellt werden.
In einer Kuchendose verschlossen aufheben.

Florentiner Schnitten

50 g Zitronat
50 g Orangeat
100 g Weinbeeren
1 EL Rum (54%)
50 g Walnüsse
50 g Pistazienkerne
130 g Butter
200 g Honig
1 Prise Salz
3 Eier
1 Prise Muskat
1 Prise Kardamom
1 TL Zimt
250 g Weizenmehl
4 Backoblaten
Schokoladenglasur

Zitronat, Orangeat und Weinbeeren grobhacken und mit Rum vermischen. Walnüsse und Pistazienkerne ebenfalls grobhacken. Butter, Honig und Salz schaumig rühren, die Eier unterheben und Gewürze sowie Mehl beifügen. Die Oblaten auf ein Backblech legen, den Teig etwa 1 cm dick aufstreichen. Bei 200 Grad im Backofen etwa 20 Minuten backen. Auskühlen lassen, in 5 cm lange Stücke schneiden und mit Schokoladenglasur bestreichen.

Porträt mit Mittelscheitel

Die 70 g Honig erwärmen, feingeriebene Brötchen, geriebene Mandeln, Zimt, zerstoßene Gewürznelken und Zitronen- sowie Orangenschale zugeben und gut vermischen. Nach dem Erkalten haselnußgroße Kugeln formen.
Aus Weizenmehl, 200 g Honig, Eigelb und Sahne einen nicht zu dicken Teig bereiten. Messerrückendick ausrollen und zur Hälfte mit den Kugeln belegen. Ei aufschlagen und um die Kugeln streichen. Die zweite Teighälfte darüberlegen, um die Nußkugeln andrücken und mit einem Teigrädchen ausradeln. Auf einem leicht gefetteten Blech bei mittlerer Hitze blaß ausbacken.

Wiener Nonnenkrapfen

70 g Honig
2 trockene Brötchen
60 g Mandeln
1 TL Zimt
3 Gewürznelken
abgeriebene Schale von je 1 Orange und Zitrone
250 g Weizenmehl
200 g Honig
3 Eigelb
1/4 l süße Sahne
1 Ei

Rezept aus der Hofküche

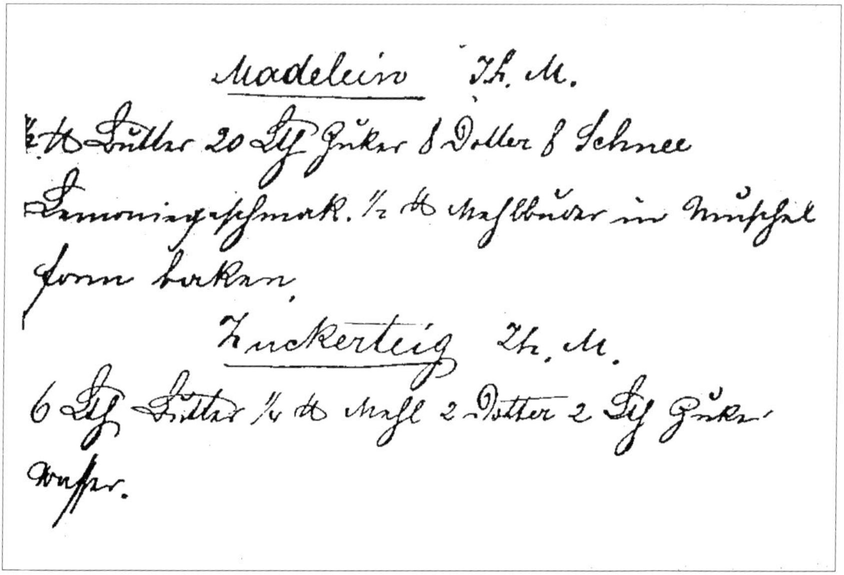
Madelein Th. M.
¼ ℔ Butter 20 Lth Zucker 8 Dotter 8 Schnee
Limonigeschmack. ½ ℔ [illegible] in Muschel
form backen.
Zuckerteig Th. M.
6 Lth Butter ¼ ℔ Mehl 2 Dotter 2 Lth Zucker-
wasser.

Mit Juwelendiadem und -halsschmuck

Biskuits oder Makronen in Milch einweichen. Eier schaumig schlagen und Biskuits darin wälzen. In eine Pfanne mit der Butter auf beiden Seiten goldbraun backen. Honig erhitzen und Mandeln unterrühren. Die gebackenen Biskuits mit dieser Paste bestreichen. Mit kandierten Kirschen oder Pistazien verzieren.

Maurische Küsse

25 Biskuits oder Makronen
1/4 l Milch
2 Eier
etwas Butter
5 EL Honig
5 EL feingehackte Mandeln
Kandierte Kirschen oder Pistazien

Honig mit Eiern gut vermischen. Mandeln, Orangenschale, gehacktes Zitronat, die zerstoßenen Gewürznelken und Zimt unterrühren, Mehl nach und nach zugeben. Den Teig 3 mm dick auf ein gut gefettetes Backblech streichen, bei mittlerer Hitze backen. Zwieback in Streifen schneiden und im abgeschalteten Ofen kurz nachtrocknen, herausnehmen und erkalten lassen.

Nürnberger Zwieback

150 g Honig
2 Eier
50 g gestiftelte Mandeln
20 g geriebene Orangenschale
20 g Zitronat
5 Gewürznelken
Zimt
140 g Weizenmehl

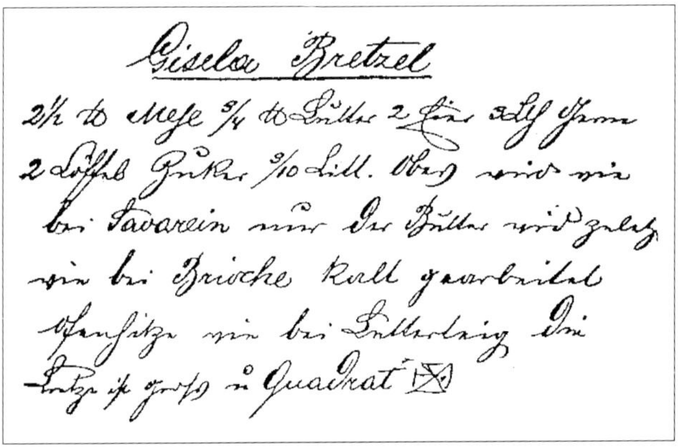
Gisela Bretzel
2½ ℔ Mehl ¾ ℔ Butter 2 Eier 3 Löffel Germ
2 Löffel Zucker 3/10 Lit. Obers wird wie
bei Savarin nur der Butter wird gleich
wie bei Brioche kalt gearbeitet
Ofenhitze wie bei Butterteig die
Stücke ist groß u. Quadrat ⊠

Gisela Bretzel, Rezept der Hofküche

Nuß-Honig-Strudel

300 g Mehl
1 Prise Salz
8 EL Wasser
1 EL Essig
5 EL Öl

Für die Füllung:
250 g fester Honig
1/8 l süße Sahne
3 Eigelb
4 EL Rum
350 g gemahlene Haselnüsse
3 EL brauner Zucker
1/2 TL Zimt

Mehl zum Ausrollen
Margarine zum Einfetten
flüssige Butter zum Bestreichen
Puderzucker zum Bestäuben

Mehl auf eine Platte sieben. In die Mitte eine Mulde drücken. Salz, lauwarmes Wasser, Essig und Öl hineingeben und alles zu einem glatten, geschmeidigen Teig verkneten. Einen Topf mit kochendem Wasser ausspülen, abtrocknen, den Teig auf einen Teller legen und den Topf über den Teller stülpen. Teig darin 30 Minuten ruhen lassen. Inzwischen für die Füllung den Honig in einem Topf leicht erhitzen, aber nur so weit, daß er gerade noch streichfähig ist. Vom Herd nehmen und etwas abkühlen lassen. Sahne, Eigelb und Rum unterrühren. Haselnüsse mit Zucker und Zimt mischen. Ein großes Küchentuch dünn mit Mehl bestäuben, Teig darauf zu einem Rechteck ausrollen und danach mit den Händen hauchdünn ausziehen. Die Honigmasse daraufstreichen und die Nußmischung überstreuen. Die Längsseiten etwa 1 cm über die Füllung schlagen. Nun den Strudel von der schmäleren Seite mit Hilfe des Tuches aufrollen. Mit der offenen Kante nach unten auf ein gefettetes Backblech gleiten lassen und im Backofen auf der mittleren Schiene bei ca. 200 Grad 40 bis 45 Minuten backen. Herausnehmen und den noch heißen Strudel gleichmäßig mit warmer Butter bestreichen. Erst vor dem Servieren mit Puderzucker bestäuben.

Déjeûner dinatoire.
Ischl le 31 Juillet 1890.

Potage à la Reine.
Petites croustades d'écrevisses.
Filet de boeuf à la jardinière.
Escalopes de poulardes, pointes d'asperges.
Truites à la majonnaise en bordure.
Rein de chevreuil, salade, groseilles.
Macédoine de fruits à la gelée.
Glaces.
Dessert.

Menükarte, Ischl, 31. Juli 1890

Mit Fächer

Honig-Gesundheitszwieback

300 g Weizenmehl
1 bis 2 EL Wasser
3 EL Milch
20 g Hefe
90 g Butter
40 g Honig
40 g Zucker
1/2 TL Salz
1 Ei

Mehl sieben, Wasser und Milch erwärmen und Hefe darin auflösen. Mit Butter, Honig, Zucker, etwas Salz und dem aufgeschlagenen Ei mischen, Mehl nach und nach unterrühren. Teig an einem warmen Ort auf etwa doppelte Menge aufgehen lassen. Eine Kastenform etwas ausfetten, Teig hineingeben und bei 200 Grad im Backofen backen. Nach dem Auskühlen in fingerdicke Scheiben schneiden. Die Zwiebackscheiben im Backofen hellbraun rösten.

Cabinet-Pouding (Biskuitpudding)

70 g Butter
70 g Zucker
6 Dotter
4 Schnee
90 g Biskuits
Milch
30 g Mehl

Butter wird abgetrieben, dazu kommen Zucker, Dotter, Schnee, in Würfel geschnittene Biskuits, mit etwas Milch angefeuchtet, Mehl.
NB: Man begießt den Pouding mit Chauteau, nachdem er langsam 3/4 Stunden gekocht hat. Würfelig geschnittene Früchte oder Rosinen werden gerne unter die Masse gemischt.

Honigkur, innerlich

1 Glas Milch
1/2 TL Agar-Agar
1 TL Honig

Zur Stärkung ließ Sisi sich nach längeren Hungerdiäten ihre tägliche Milch mit Bienenhonig anreichern: In heißer Milch Agar-Agar auflösen, Honig zugeben. Gut verrühren und trinken. 4 Wochen lang täglich morgens einnehmen.
Man kann auch täglich 1 Glas warmes Wasser, in dem 1 EL Honig aufgelöst ist, trinken.

Sisis Schönheitsbett

Die schönste Kaiserin ihrer Zeit schlief nicht auf schwellenden Polstern und seidenen Kissen, auf prunkvollem Bett mit Baldachin. Vielmehr hielt sie es wie ihr Gemahl und benutzte ein eisernes, spartanisches Bett mit Rollen, das bequem auch mit auf Reisen genommen werden konnte. Kissen und weiche Pfühle wurden daraus verbannt. Nicht einmal ein Kopfkissen gestattete sich Sisi. Sie lag ganz flach auf der dreiteiligen Matratze, die mit Roßhaar gefüllt war. Zwar tat man diese asketische Liegestatt damals als „Laune" Ihrer Majestät ab. Doch heute wissen wir, daß nach orthopädischen Gesichtspunkten die gerade und flache Lagerung ein wirksames Mittel gegen Wirbelsäulenleiden und Haltungsverfall ist. Sicher hatte Sisi ihre aufrechte, geschmeidige Haltung, ihre Beweglichkeit und Anmut auch in höheren Jahren zum großen Teil diesem „Schönheitsbett" zu danken. Die Bedeutung einer gesunden Liegestatt hatten bereits Naturärzte wie Pfarrer Kneipp, Binz, später Schoenenberger und Metzger erkannt und exakte Forderungen für das ideale Bett aufgestellt:

„Zu unterst die zwei- oder dreiteilige Matratze mit Roßhaar- oder Seegrasfüllung. Sehr gut eignet sich auch Langstroh. Zur Füllung der Kissen nimmt man am besten Roßhaar, Spreu, Wolle oder Kapok. Auch die reifen Kolben des Schilfrohres werden zur Füllung von Kissen und Deckbett – nicht aber für das Unterbett – empfohlen. Ihr Flaum soll an Weiche, Elastizität und Leichtigkeit den besten Daunenfedern gleichkommen. Man läßt die abgeschnittenen Rohrstengel in einem trockenen Gefäß so lange ste-

Die Kaiserin auf Korfu, Friedrich A. von Kaulbach, nach 1898

hen, bis am oberen Kolbenende die federartige Masse vorquillt, streift diese dann ab und fängt sie in den Bettbezügen auf. 40 Kolben sollen für die Füllung eines Kissens, 120 zu einem Deckbett reichen."

Massagen à la Kneipp

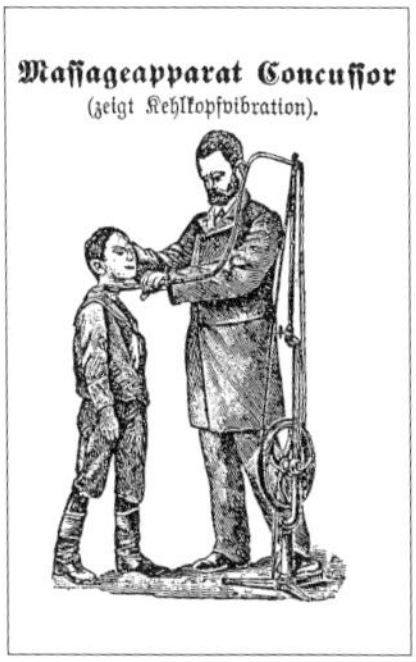

Zeitgen. Abbildung

Um Licht, Luft und Sonne ging es Pfarrer Kneipp. Aber auch um Kuranwendungen wie Massagen und Gymnastik. Wenn auch Kaiser Franz Joseph von Kneippkuren und Zimmergymnastik wenig wissen wollte, einen Leibmasseur beschäftigte er alltäglich doch. In dieser Hinsicht teilte er die Vorliebe seiner Gemahlin durchaus. Anton Koch erfreute sich kaiserlicher Huld bis zur letzten Lebensstunde des Monarchen. Von Sisi wissen wir nicht, ob sie eine „Leibmasseurin" hatte. Daß sie sich jedoch während ihrer vielen Kuren und Anwendungen stets massieren ließ, ist überliefert. Daß sie von 1884 bis 1897 zum berühmtesten Masseur jener Zeit, Dr. Metzger, immer wieder reiste, um sich seiner Behandlung zu unterziehen, erregte nicht selten das Mißfallen des Kaisers. „Wenn Dich nur nicht Metzger zu sehr malträtiert", schrieb Franz Joseph 1897 nach Paris, „Dich ganz wieder in seine undelikate und gewinnsüchtige Gewalt bekommt und mit Dir Reklame macht...". Obwohl ihr die kräftigen Massagen häufig gut halfen, verfehlten die Worte des Kaisers dieses Mal ihre Wirkung nicht. Sisi reiste überstürzt ab.

Betrachtet man aus heutiger Sicht Darstellungen und Beschreibungen der Massage ab Mitte des 19.

Jahrhunderts, so werden deutliche Fehler offenbar. Sie entstanden zum Teil wegen der verklemmten Anschauung, nur der zu behandelnde Körperteil dürfe dem Masseur sichtbar werden. So wurde etwa eine Bauchmassage halbbekleidet vorgenommen, ein Unterschenkel gar bei voller Bekleidung im Sitzen massiert. Davon, daß der Leib nur in Uhrzeigerrichtung zu massieren sei, war damals offensichtlich noch nichts bekannt, was zu schlimmen Folgen im Verdauungssystem führen konnte. Teilmassagen der Schultern, des Rückens, wie Sisi sie wahrscheinlich bekam, dürften gleichfalls halbbekleidet „passiert" sein. Denn sicher war es unstatthaft und „génant", eine Kaiserin unbekleidet zu sehen. Heute wäre eine solche Therapie, womöglich gar im Schnürleib, medizinisch undenkbar. Und jeder Patient, gleich welcher Herkunft, hätte sich ihren Regeln zu unterwerfen.

Der anderen Forderung nach Licht und Luft kam die hohe Patientin freiwillig nach. So plauderte ihre Nichte Marie Wallersee aus, daß sie im Sommer ohne Strümpfe in den Schuhen umherlief. Neben Freiluftbädern wurden ihr gegen Schmerzzustände immer wieder auch Dampfbäder und Wickel nach Kneipp verordnet. Kompressen mit Toilette-Essig wandte sie jedoch auch an, um ihre Schönheit zu bewahren. So legte sie nachts nicht nur die bereits erwähnten Essigtücher um die Hüften, was den Kaiser erschauern ließ. Sondern sie „fatschte" mit in Kummerfeldsches Waschwasser getränkte Leintücher auch ihren Hals, um ihn straff zu erhalten. Sisi hatte zu keiner Zeit ihres Lebens ein Doppelkinn. Auch dies ein Erfolg ihrer flachen Liegestatt, wie auch vieler tonisierender Kompressen. Hingegen ist anzunehmen, daß die

Zeitgen. Abbildung

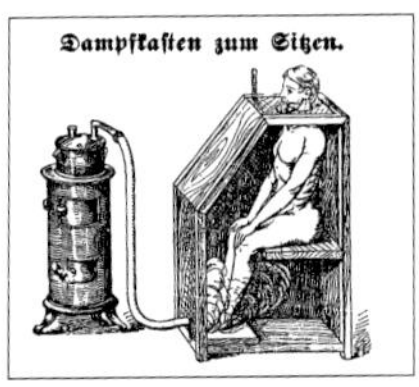

Mit Kronendiadem

schweißtreibenden Dampfbäder sie eher noch weiter schwächten, zumindest aber nicht jene Erfolge hatten, die von ihren Hofärzten gewünscht wurden.

Porträt von Rudolf Hausleithner, 1893

Psychokosmetik: Sisi kannte sie bereits

Wie Laotse, der das Glück so beschrieb: „An einem Sommernachmittag auf einem grünen Glasteller eine Blutorange schälen", fand Kaiserin Elisabeth ihr stilles Glück, ihren Frieden und die Harmonie in der kontemplativen Betrachtung der Natur. In diesem Sinne ließ sie eines der erfolgreichsten Schönheitsmittel wirken, die Psychokosmetik. Im Gleichklang mit der Natur, ob tief im Wald, im Gebirge, an der See, in den tobenden Elementen an den Schiffsmast gebunden oder auf höchstem Gipfel die Täler überschauend, fand sie Entspannung, kehrte das Gleichmaß ihrer Gesichtszüge wieder zurück. Es waren die ganz bescheidenen, schlichten Freuden des Lebens, die ihr größten Gewinn brachten. „Im Frühling wählt Elisabeth... Herkulesbad... Bis an die rumänische Grenze wandern die Damen... nehmen ihr Mahl mitten im Wald ein und trinken dazu Schafmilch, die ein bildschöner rumänischer Junge der Kaiserin bringt", schilderte Conte Corti ein solches Erlebnis. Ihre seelische Schönheitspflege hat ihre Quellen in der Natur, und Naturschwärmerei ist der Jungbrunnen, dem Sisi immer wieder aufs Neue entsteigt. „Jetzt haben wir zwei fabelhaft schöne Tage gehabt", schreibt die Achtundfünfzigjährige voller Begeisterung ihrer Tochter Valerie, „so schön war alles, daß es schon unnatürlich war, abends dufteten die Ölbäume so stark, und die untergehende Sonne verlieh ihnen einen Heiligenschein wie goldenen Rosen... Die Hänge sind mit goldenen Blumen überzogen und gegenüber die noch mit Schnee bedeckten albanischen Berge, die zuerst rosafarben, langsam in Rubinfeuer aufflammen, über alledem ein betäubender Duft..."

Nach Phasen tiefer Melancholie war es stets der Hang zu schöngeistiger, musischer Beschäftigung, der sie ihr seelisches Gleichgewicht und damit die innere Harmonie wiederfinden ließ. Auch die Beschäftigung mit ihrem Körper, die stillen Stunden im Turnzimmer der Hermes-Villa, das im pompejanischen Stil Gelassenheit verströmt, wirkten heilsam. Heute würden wir sagen, daß Sisis Leben unter dem positiven EU-Streß stand, der sie zu immer neuen Aktivitäten trieb, jedoch nicht zerstörerisch wirkte. Wenn wir heute die Porträtfotos selbst ihrer letzten Lebensjahre betrachten, simple Momentaufnahmen, ist da nichts zu erkennen von jener Angespanntheit und verzerrten Hektik, wie sie den Menschen des 20. Jahrhunderts anhaftet. Allen Tragödien ihres Lebens zum Trotz hat die Hingabe an das Schöne, ganz gleich wo sie es fand, Sisi immer aufzurichten vermocht. Und so ist ihr die unverwelkliche Schönheit im physischen Sinne aus der Pflege ihrer Psyche erhalten geblieben. Zweifellos eines ihrer geheimsten und geheimnisvollsten Schönheitsmittel, nur ihr allein zugänglich aus den Kräften ihres innersten Seins.

„Versöhnungsstrauß" (Reconciliations-Bouquet) mit verschiedenfarbigen Porzellanrosen und feingravierter Krone der bayerischen Prinzessin

Die Kosmetik seiner Majestät

Anspruchslos in seiner persönlichen Lebensführung, beanspruchte Kaiser Franz Joseph laut den Hof-Apothekenbüchern für die Körperpflege kaum besondere Erzeugnisse. Allerdings ist zu bedenken, daß für alle jene Artikel, welche sich mit der Rasur befaßten, sowie Ölen und Cremes für Massagen, die entsprechenden Bediensteten zuständig waren. So stellte der Leibfriseur Kusmann viele für die Rasur und Hautpflege notwendige Produkte selber her oder beschaffte sie zur Zufriedenheit seines Allerhöchsten Herrn. Ihre Zusammensetzung blieb sein Geheimnis und wurde bestens gehütet.

Andere Rezepturen für Seine Majestät sind in den Hof-Apothekenbüchern enthalten. Für sie zeichneten die jeweiligen Hofärzte verantwortlich, wie etwa Prof. Widerhofer, Prof. Kaposi, Prof. Hebra, die gelegentlich vertretungsweise sowohl die Kaiserin wie auch den Kaiser behandelten.
Besonders häufig wurde auch für Seine Majestät ein *Waschwasser* verordnet.

Waschwasser

Borax veneti
Aqua rosarum (Rosenwasser)
Tinctur benzoe
Bouquet (zur Parfümierung)

Auch Sisi hat ab 1870 häufig dieses Waschwasser verordnet bekommen. Bei ihr ist der Zusatz von Professor Widerhofer enthalten: „Bei Repetitionen ist stets dieses Waschwasser zu benutzen."

Solche Gesichtswässer wirkten alkalisch, sollten die Haut vor Entzündungen schützen und gegen Hautunreinheiten wirken. Allerdings ist heute bekannt, daß sie den Säuremantel der Haut angreifen, weshalb vom ständigen Gebrauch abzuraten ist.

Frühe photographische Aufnahme

Berühmt war bei Hofe das *Aqua Princesse* mit folgender Zusammensetzung:

Aqua Princesse

15 g Liquoris Kalii carbonici
15 g Tinct. Benzoes
3 g Spiritus Camphorati
820 g Aqua Coloniensis
150 g Aqua destillata

Großer Wasserkrug aus der Hofhaltung

Ein anderes häufig verordnetes Gesichtswasser, das vor allem gegen Akne wirksam war, das *Maitau-Waschwasser*, bestand aus:

Maitau-Waschwasser

3 g Boracis
8 g Natrii sulfur.
15 g Glycerini
450 g Aqua Rosae

Von allen diesen Wässern wurden nur wenige Tropfen dem üblichen Waschwasser beigefügt.

Sehr beliebt waren bei Hofe auch die Toilette-Essigwasser. Der Kaiser wurde nach der Rasur damit behandelt. Anschließend erhielt die strapazierte Haut noch das nötige Fett. Als einziges „Schönheitsmittel" verbrauchte Seine Majestät große Mengen von „Unguentum emolliens", auch „Cold-Creme" genannt. Diese angenehme, durch Beigabe von Rosenöl duftende Creme, wurde für den Kaiser „sine odore", also ohne Duft, hergestellt. Seine Majestät wollte nicht nach Rosen duften… Kam diese Creme aus dem Ausland, hieß sie „Crème Celeste", was oft

Kaiser Franz Joseph I. in Husarenuniform, Gemälde von Miklós Barabás, 1853

zu Mißverständnissen Anlaß gab. Jedenfalls wurde sie für Seine Majestät in größeren Mengen und regelmäßigen Abständen geordert. Und häufig wurden zur Grundcreme noch spezielle Zutaten beigegeben, wie etwa Zink, das entzündungshemmend und antiseptisch wirkt. Eine solche Salbe war die „Neue Wilsoni Salbe", eine Cold-Creme mit Beigabe von salicylsaurem Zink. Auch Hofarzt Professor Kaposi verordnete Seiner Majestät anno 1893 eine Zinksalbe, welche dann als *Kaposi-Salbe* viel verwendet wurde.

Kaposi-Salbe

50 g Ung. emolliens sine odore
0,25 g Zinc. oxydat.
0,25 g Wismut sub.

Bei dieser Verordnung könnte es sich um eine Wundsalbe gehandelt haben. Vielleicht hatte eine zu scharfe Rasur kleine Schnittwunden gesetzt. Verordnet wurde diese sparsam zu verwendende Salbe aber auch gegen Sommersprossen.

Vielerlei Puder wurde gebraucht

Nicht allein zur verschönernden Kosmetik wurde Puder bei Hofe benötigt. Vielmehr war auch des Kaisers Verbrauch diverser Pudersorten enorm. Ob Rasierpuder oder Fußpuder, Körperpuder, Schwefelpuder – alle diese Sorten waren in der Körperpflege jener Zeit großgeschrieben und nicht wegzudenken.

So hatte etwa ein *Rasierpuder* für Seine Majestät folgende Zusammensetzung in Ia Qualität:

Rasierpuder

20 g Parfümölkomposition
50 g Magnesiumcarbonat
10 g Borsäure, feinst pulv.
50 g Aluminiumstearat
150 g Kaolin
700 g Pudertalkum

Vor allem nach anstrengenden Jagdpartien, aber auch nach offiziellen Anlässen brauchte der Kaiser *Fußpuder* mit stark schweißaufsaugender Wirkung, wobei auch eine geringfügige Parfümierung von ihm nicht abgelehnt wurde.

Fußpuder

6 g Lavendelöl
2 g Wintergreenöl echt
2 g Thymianöl
50 g Magnesium carbonicum lev.
10 g Borsäure feinst pulv.
100 g Aluminiumstearat
250 g Kaolin

Kaolin – weißer Ton – wirkte aufsaugend und entgiftend und wurde schon damals häufig benutzt. Die erwähnte Parfümölkomposition wurde häufig aus Lavendel-Extrakt oder Nelke–Rose gemischt.

Talkpuder

20 g Parfümölkomposition
50 g Magnesiumkarbonat
950 g Ia Pudertalkum rein weiß

Ein anderer beliebter *Körperpuder*, der aufsaugend und adstringierend wirkte wurde auch von der höfischen Damenwelt geschätzt.

Bei sommerlichen Temperaturen wurde dieser Puder auch gegen übermäßige Schweißbildung in den Achselhöhlen von beiden Geschlechtern verwendet.

Körperpuder

10 g Parfümölkompsition
50 g Magnesium carb. levissimum
100 g Aluminiumstearat
50 g Kieselsäure kolloid.
50 g Salbeitinktur
250 g Kaolin kolloid.
Ia Pudertalkum

Kaiser Franz Joseph als Knabe, Aquarell / Elfenbein von Moritz Michael Daffinger

Als die Haarpracht dünner wurde

Das berühmte Porträt von Daffinger beweist es: Kaiser Franz Joseph hatte seit jeher feine Haare gehabt. Später stellte sich Haarausfall ein, der dann zur Glatzenbildung führte. Immer wieder finden sich deshalb in den Hof-Apothekenbüchern Verschreibungen verschiedenster Haarwässer. Auch Haarsalben mit Perubalsam kamen zur Anwendung. Zusätze von Bayrum, Zwiebeltinktur, gereinigtem Alkohol, Chinarinde und Galläpfeln, Ölen wie Eukalyptus- und Rosmarinöl wirkten oft hautreizend und waren, insbesondere in Verbindung mit der berühmten Spanischpfeffer-Tinktur, ausgesprochen schädlich. Ein relativ harmloses, jedoch auch unwirksames *Haarwasser* wurde bereits 1873 von der Hof-Apotheke Laxenburg zubereitet.

Haarwasser

35 g Spir. Omnii rectif
35 g Aqua destillata
80 g Aqua rosarum

Ein *Peru-Tannin-Haarwasser* wirkte stärker und war auch biologisch einwandfrei.

Peru-Tannin-Haarwasser

Bei dieser Rezeptur gebrauchte der verschreibende Arzt eine kleine List. Denn der Auszug aus Cochenille (weiblichen Schildläusen) wirkte leicht färbend. Wer sich also über erste Graufärbung der Haare ärgerte, konnte eine leichte Rückfärbung erzielen, die jedoch nicht vorhielt.

4 g Cortex Chinae pulv.
3 g Coccionell pulv.
4 g Gallar. pulv.
400 g Spiritus
400 g Aqua Rosarum
200 g Aqua Aurant. Flor.
10 g Balsami Peruviani

Um die kaiserliche Kopfhaut stärker zu durchbluten und dadurch dem Haarverlust entgegenzuwirken, verordnete Professor Widerhofer eine *Haarsalbe*.

Haarsalbe

5 g Bals. peruvian
25 g Vaselin. alb.

Wie das Ergebnis lehrt, hat auch sie der frühen Glatzenbildung Seiner Majestät nicht entgegenwirken können.

Wie die Haare so die Zähne

Die Haare fielen aus. Die Zähne ebenfalls... Von Sisi weiß man, daß ihre Zähne schon früh einen Gelbton hatten, weshalb ihre Schwiegermutter Sophie sie ständig zum häufigeren Zähneputzen aufforderte. Später hat die Kaiserin aufgrund des schlechten

Zahnpaste

15 g Carmini
3,75 g Pulv. saponii

Zahnstatus Teilprothesen und Kronen bekommen. Vom Kaiser ist in dieser Hinsicht wenig bekannt geworden. Es finden sich aber in den Hof-Apothekenbüchern immer wieder auch Rezepturen für medizinische Zahnpasten und Mundwässer.

Eine solche *Zahnpasta* ist nach Prof. Widerhofer, 1874, überliefert.

15 g Pulv. dentif. Heiderii
Spir. vin 96% soviel, daß eine Paste entsteht

Zahnpasta schwach schäumend

300 g medizin. Seifenpulver
2000 g Glyzerin weiß
4000 g Aqua dest.
30 g Tragant
1 g Saccharin-Natrium
2500 g Calcium carbon. praecipit.
500 g Kaolin kolloid.
150 g Pfefferminzöl
15 g Carmini

Der Kaiser in englischer Uniform, Photographie von 1903

Für einen frischeren Atem sorgten schon damals aromatische Mundwässer. Ein französisches *Mundwasser* war bei Hofe besonders beliebt.

Mundwasser

878 ccm Alkohol, 95%
20 ccm Myrrhentinktur
20 ccm Iristinktur
10 ccm Benzoetinktur
122 ccm Aqua dest.
1 g Weinsteinsäure

Kaiserjubiläums-Emailbecher, 1898

Da häufig gegen Zahnstein schärfere Schleifmittel in Zahnpulvern Verwendung fanden, wurde auch der Schmelz beschädigt. Das Übel und die Karies verschlimmerten sich. Darunter litten zweifelsfrei auch die Zähne Seiner Majestät. Hof-Zahnarzt Dr. Otto Zsigmondy legte ein Veto ein, weshalb dann nur noch Zahnpasten und Pulver mit reichlich Bolus-Beigabe zur Anwendung kamen.

Mundwasser
von Prof. Hebra

2 g Tinct. benzoe
500 g Aqua destillat.
1 Tropfen Ol. menth. pip.

Andere Pflege-Artikel

Nach dem täglichen Bad verwendete der Leibmasseur Seiner Majestät auch ein Körperöl, dessen Zusammensetzung zwar sein Geheimnis war, jedoch sind Rezepturen aus jener Zeit sehr wohl bekannt.

Hautpflegeöl Ia

95 g Ol. Paraffini
5 g Vaselini alb.
0,2 g Mentholi

Photographie des Leibkammerdieners Ketterl

Auf dem Toilettetisch Seiner Majestät, das geht aus den Hof-Apothekenbüchern hervor, fand sich auch eine Glyzerinsalbe.

Ein verblüffendes Kosmetikum war eine von Hofarzt Kaposi zusammengestellte *Augenbrauensalbe* für den Kaiser. Er verabscheute zwar Fixative für die Schnurrbartspitzen oder gar die Bartbinde. Jedoch

Hautnähröl

500 g Olivenöl „Vierge“ kons.
50 g Weizenkeimöl
50 g Ölauszug aus Rosmarinblüten und -blättern
200 g Mandelöl, süß
2 g Essence absolue de Fleurs de Lavende

Glyzerinsalbe
nach Prof. Hebra

25 g Aqua dest.
47 g Glycerin
5 g Mandelöl, süß
4 g Vaseline
2 g Bienenwachs
12 g Stearinsäure
5 g Lanolin

Augenbrauensalbe

100 g Rizinusöl, I. Pressung

gegen die struppigen Augenbrauen tat er dann doch etwas.

50 g Mandelöl, süß
0,5 g Fenchelöl

Mit einem winzigen Bürstchen bändigte Seine Majestät die aufmüpfigen Brauenhaare, sodaß sie sich nicht sträuben konnten.

Erstaunlich mutet bei der vom Kaiser gepflegten spartanischen Umgangsweise mit „Schönheitsmitteln" der enorme Verbrauch von Kölnischwasser an. Es wurde gleich literweise geordert! Anscheinend galt es nicht als unmännlich, nach Kölnischwasser zu duften! Ebenso fand sich auf dem Toilettetisch auch Mandelmilch nach französischer Rezeptur. Diese „*Lait d'Amande*" war ein vielbenutzter Seifenersatz, weil die damals käuflichen Kaliseifen die Haut reizten.

Diese Mandelmilch wurde mit dem Waschwasser gemischt und kurierte die beanspruchte Haut sehr schnell. Es gab aber auch einen anderen, wirksamen Seifenersatz, nämlich die

Mandelmilch
Lait d'Amande

200 g süßen Mandeln geschält, gerieben
100 g Glycerin
2,5 g Borax
1800 g Aqua rosarum
2 g Bittermandelöl

Mandelkleie

300 g Mandekl.
150 g Bohnenmehl
38 g Veilchenwurzelpulver
12 g Borax pulv.
2 g Bittermandelöl
0,5 g Geraniumöl
0,4 g Tinct. Iris
0,1 g Rosenöl, echt

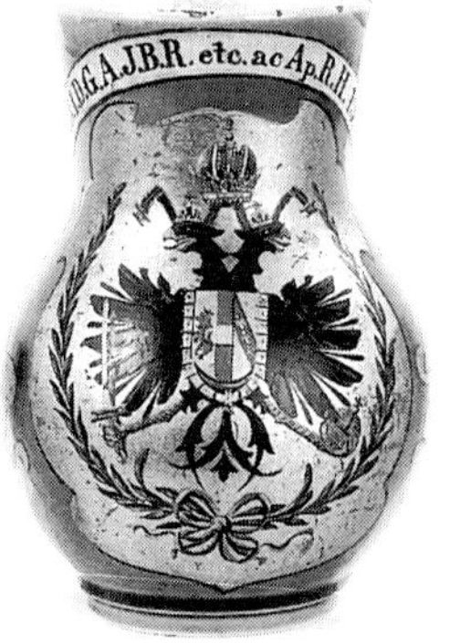

Fußwaschungskrug des Kaisers, 1915

Eine andere Zubereitung war die *Mandelpaste*.

Echte Mandelpaste

300 g süße Mandeln, geschält, gerieben
400 g Aqua Rosarum
50 g Alkohol, 90%
25 g Glyzerin, weiß
2 Tropfen Bittermandelöl, echt, blausäurefrei

Zur besseren Durchblutung der gereinigten Haut wurde schon damals gern feinster Seesand beigefügt.

Seesand-Mandelkleie

200 g Mandelmehl
100 g Reisstärkepuder
150 g Seesand, fein gesiebt
35 g Iriswurzelpulver
20 g Ia Grundseifenpulver (Flocken)
1 Tropfen Rosenöl, echt

Im Ganzen kann nach genauer Durchsicht aller Hof-Apothekenbücher für Kaiser Franz Joseph gesagt werden, daß seine Ansprüche an Schönheitspflegemittel seiner Zeit sehr bescheidene waren. Wie die Geschichte lehrt, war der unermüdlich tätige Herrscher eines Riesenreiches dabei bis ins hohe Alter leistungsfähig, schlank und rank und galt seinen Untertanen als gutes Vorbild. Wie der Kaiser über alles dachte, was seine eigene Person betraf, verdeutlicht eine Begebenheit, die sein Leibkammerdiener Eugen Ketterl geschildert hat. „Wenn er sich wohl fühlte, andererseits aber wußte, daß sein Leibarzt Hofrat Kerzl einen kleinen Schnupfen hatte, sagte der Kaiser, wenn sich Kerzl des Morgens meldete: ‚Sagen Sie ihm nur, es geht mir gut, er soll lieber auf sich schauen!'"

Stephanie von Belgien und Kronprinz Rudolf

Schönheitspflege ganz erlesen

Sie galt nicht als Schönheit am Wiener Hof, Stéphanie, die junge Frau des Kronprinzen Rudolf. Die Kaiserin bezeichnete sie als „Trampeltier“ und ihre Nichte, die Larisch-Wallersee, mokierte sich: „Die belgische Prinzessin sah in ihrem Brautkleid so unvorteilhaft aus wie möglich. Ihre Arme waren rot, ihr stumpfes, gelbes Haar sehr unkleidsam frisiert.“ Später wurde aus dem häßlichen Entlein hingegen ein schöner Schwan. Zeitgenössische Fotografien weisen es aus: als Gräfin Lonyay hatte die „Rose von Brabant“ sich zu einer Schönheit ersten Ranges gewandelt. Selbst die mißgünstige Gräfin Larisch-Wallersee mußte einräumen, daß die Kronprinzessin sich

„schon wenige Monate nach der Hochzeit merklich verschönt“ habe.

Daß sich Rezepturen für Kosmetika der blutjungen Stéphanie kaum finden lassen, hatte sicher in ihrer Jugend seinen Grund. Wer brauchte mit knapp siebzehn schon Cremes und Lotionen? Dennoch muß sehr bald eine wirksame Pflege ihrer bescheidenen Anlagen einiges bewirkt haben. Denn die kritische Larisch-Wallersee bemerkte Monate nach der Hochzeit: „Sie war sehr groß und ihre Figur geradezu kläglich. Seitdem hat freilich ausdauernde Pflege und eine geschickte Corsetière manches gebessert. Sie hatte weder Augenbrauen, noch Wimpern, und das einzig Schöne an ihr war ihr porzellanweißer Teint.“

Um ihn ausreichend zu pflegen, genügte einstweilen noch die schlichteste Hautcreme, die bei Hofe auch für die Kindskammer geordert wurde.
Sicher aber wurden kosmetische Ratschläge erteilt, wie die farblose Schönheit ins rechte Licht gerückt werden konnte. Durch Schminke ließ sich vieles korrigieren, schon damals. Es waren bereits Pudercremes, Teintcremes, verschiedene Formen von Rouge, flüssige Schminken auch für die Lippen, Augenbrauenfarbe und Wimperntusche bekannt.
Die „Maquillage“ wurde von Friseurinnen, aber auch von Kammerfrauen bei Hofe beherrscht. Viele Damen trugen Puder und Schminke auch geschickt selber auf, um ihre Toilettegeheimnisse nicht zu verraten. Puder und Schminken wurde meist aus Paris importiert. Führend waren Firmen wie Houbigant oder Gattefossé. Loser Puder wurde mit Puderquasten großzügig auf Gesicht, Hals und Dekolleté, oft

Stephanie, Kronprinzessin von Österreich, die Gattin Rudolfs

Unguentum Molle

1 Teil Vaseline, gelb
1 Teil Lanolin

Schminke

470 g Vaseline, weiße säurefrei
30 g Wollwachs gebleicht
225 g Paraffinöl Ia
70 g Walrat
25 g Stearin Ia
25 g Wollwachs, wasserfrei
2 g Alkannarot
1 g Rosenöl, echt

Im ungarischen Krönungskleid, gemalt von Georg Raab 1867

auch Oberarmen verteilt. So konnten die „roten“ Arme Stéphanies bald mattiert erscheinen und fielen den Hofschranzen nicht mehr unliebsam auf.
Für Lippenrot und Wangenrouge wurde meist der rote Farbstoff aus der Alcannawurzel genommen. Nach alten Rezepturen selber Rouge herzustellen, ist mühsam. Vor allem fallen die *Schminken* zu glänzend aus durch das verwendete Fett.

Auf „porzellanweisser“ Haut machte oft schon ein Tupfen Rouge viel aus! Kam dann noch Lidschatten, seinerzeit „Fards Paupières“ genannt, hinzu, erregten die entstandenen Kontraste Aufmerksamkeit. Oft gewann man *Lidschminke*, indem ein Teller über eine Kerze gehalten wurde. Es entstand Lampenschwarz, auch Ruß genannt, der Ausgangspunkt vieler indischer Augenschminken, welche aus den in Tempeln durch verbrennende Butter gesammelten Rußteilchen gewonnen werden.

Für hellhäutige Typen wurde echte Umbra verwendet. Von anderen natürlichen Mineralfarben kamen auch Ultramarinblau oder gebrannter Ocker in Lidschminken zur Anwendung.

Da Kronprinz Rudolf mit Vorliebe eine schonende Paste zur Hautreinigung verwendete, wird auch seine Gemahlin sie gekannt haben.

Lampenschwarz

45 g Rizinusöl
30 g Bienenwachs
5 g Paraffin
20 g Farbpigmente

Schwedische Mandelcreme

300 g Mandeln, süß, geschält, gerieben
400 g Aqua Rosarum
50 g Alkohol, 90%
25 g Glycerin
1 Tropfen Bittermandelöl, echt, blausäurefrei

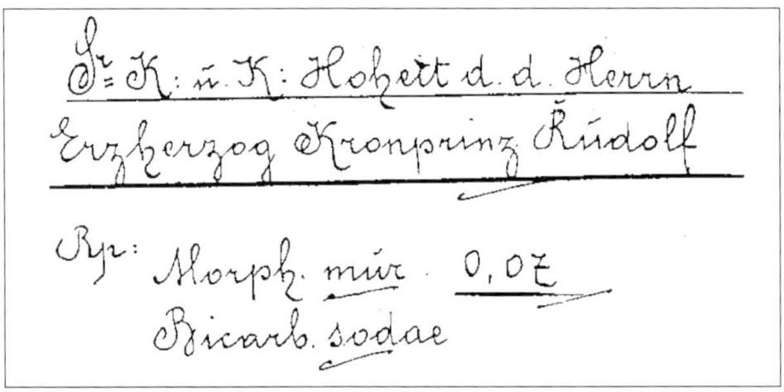
Sr. K. u. K. Hoheit d. d. Herrn
Erzherzog Kronprinz Rudolf
Rp: Morph. mur. 0,02
Bicarb. sodae

Verschreibung Doktor Kerzls für Kronprinz Rudolf

Die mittlerweile in der Hofburg installierten Badewannen und Duschbäder verlockten zu wahren Bade-Orgien. Um das Badewasser gehörig zu parfümieren, genügte es nicht, Eau de Cologne darin zu versprühen. Ein schäumendes Eau de Cologne-Badesalz war absolutes Muß für die Mitglieder des Kaiserhauses.

Von diesem stark aromatisierten Badesalz reichten jeweils 30–50 g aus.

Eau de Cologne-Badesalz

208 g Bergamotteöl
120 g Zitronenöl „Messina“
40 g Limettenöl „Montserrat“
120 g Pomeranzenöl „süß“
80 g Lavendelöl „Barrême“
20 g Neroliöl „Pétales“
42 g Rosmarinöl „Eperlé“
10 g Rosenöl
900 g Natriumchlorid (grob gepulvertes Kochsalz)

Fußwaschungsbecher der Kaiserin, 1873

Glänzende Haarpracht war obligatorisch

Die Kaiserin war ihr Vorbild! Ob jung oder älter, keine Dame des Hofes gab es, die nicht mit Sisis Haarpracht wetteiferte. Und was die Natur nicht schenkte, mußte an künstlichen Haarteilen in die Frisur eingearbeitet werden.

Für ihre Haarpflege benutzten die Damen einschließlich der Kaiserin Macassar-Öl, das aus den

Haarwasser mit Birkensaft

410 ccm Feinsprit, 95%
206 ccm Aqua Rosarum

Einzelne Exemplare
Morgenblatt . . . . . . 4 kr.
Abendblatt . . . . 2 kr.

Pränumerationspreise:
Für Wien:
Morgen- und Abendblatt:

monatlich	ö. W. fl. 1.50
mit einmaliger Zustellung in's Haus	fl. 1.65
mit zweimaliger Zustellung Morgens und Abends	ö. W. fl. 1.75

Für die Provinz mit freier Postzusendung:
Morgen- und Abendblatt:

monatlich	ö. W. fl. 1.80
vierteljährig	" " " 5.40
halbjährig	" " " 10.80

Mit separater Zusendung des Abendblattes:

monatlich	ö. W. fl. 2.20
vierteljährig	" " " 6.40
halbjährig	" " " 12.80

Unfrankirte Briefe werden nicht angenommen.

Illustrirtes Wiener Extrablatt.

Herausgeber: Edgar Spiegl.

Das Morgenblatt erscheint täglich, auch Montag, das Abendblatt täglich mit Ausnahme der Sonn- und Feiertage.

Redaction und Druckerei:
(wohin alle Zuschriften zu richten sind)
IX., Berggasse 31.

Administration, Expedition und Inseraten-Aufnahme:
I., Schulerstraße 16.

Inserate vom Auslande übernehmen für unser Blatt auch die Herren Haasenstein und Vogler, Rudolph Mosse, A. Oppelik und alle Annoncen-Agenturen in den Hauptstädten Europas.

Manuskripte werden nicht zurückgestellt.

Nr. 3. | Wien, Dienstag, 4. Jänner 1887. | 16. Jahrgang.

Kalender für Alle:
Namenstag: Titus B.
Isabella.
10 Märt.

Gemeinderaths-Sitzung.

Sehenswürdigkeiten: Geologische Reichsanstalt, III., Rasumoffskygasse 23, von 9 bis 12 und 1 bis 4 Uhr. An Sonn- und Feiertagen von 9 bis 11 Uhr. — Lehrmittel-Ausstellung der Stadt Wien, VII., Westbahnstraße 25, im Sommer (Juni-August) von 9 bis 12 Uhr Vormittags und von 3 bis 6 Uhr Nachmittags, im Winter von 9 bis 12 Uhr Vorm. und von 2 bis 4 Uhr Nachmittags. — Museum für Kunst und Industrie, von 9 Uhr Vorm. bis 4 Uhr Nachm. — Gypsmuseum der Akademie der bildenden Künste, I., Schillerplatz, von 9 bis 11 Uhr. — Kaiserliche Gruft in der Capuciner-Kirche, Neuer Markt, gegen vorherige Anmeldung beim P. Guardian oder P. Schatzmeister.

Die neuen Wiener Modefrisuren.

Mit großer Spannung sieht die Damenwelt den neuen Wiener Modefrisuren entgegen, an welchen die hervorragendsten Frisurenmeister und Hoffriseure Wiens gemeinsam geschaffen haben. Der Preisjury, zusammengesetzt aus den Koryphäen der Coiffurenkunst, wurden programmgemäß Aenderungen an den preisgekrönten Modellen vorbehalten und aus deren Zusammenwirken gingen nun die beiden Wiener Modefrisuren hervor, welche das „Ill. Wiener Extrablatt" heute im Bilde bringt. Die erste Wiener Modefrisur (in Vorder- und Rückansicht im oberen Bilde) wurde zu Ehren Ihrer Majestät der Kaiserin „Elisabeth-Frisur" und die zweite Wiener Modefrisur (in zwei Ansichten unten im Bilde) zu Ehren Ihrer kaiserlichen Hoheit der Kronprinzessin „Stephanie-Frisur" benannt.

Titelseite des Illustrierten Wiener Extrablatts von 4. Jänner 1887: Neueste Haarmode nach dem Vorbild der Kaiserin

Samen eines indischen Baumes, Sapindazee (Schleichera trijuga), gewonnen wurde. Die Kaiserin erhielt sich damit den rötlich glänzenden Schimmer ihres Haares. Dieser Farbton paßte auch für das matte Strohblond Stéphanies. Auf späteren Fotografien erscheint daher ihr Haar eher hellbraun, was einen wirksamen Kontrast zum hellen Teint gab.

400 ccm Birkensaft, echt
2 g Birkenknospenöl

Für blonde Haare galt ein Haarwasser mit echtem Birkensaft als ideal.

Um die glänzende Fülle zu erhalten, wurde immer wieder der Wirkstoff der Brennessel verwendet.

Brennesselhaarwasser à l'Impératrice

235 ccm Feinsprit, 95%
125 ccm Orangenblütenwasser
160 ccm Brennnesseltinktur
1 g Lavendel absolue franz.
1 g Lavendelöl „Barrême"
3 g Perubalsam

Franziska Feifalik, geb. Angerer, Haarkünstlerin Ihrer Majestät

Eine geringe Dunklerfärbung wurde durch Benutzung von Bayrum erzielt, welchen die Kaiserin auch zur *Haarwäsche* benutzte. Vielleicht hat auch Stéphanie manchmal zu diesem Mittel gegriffen, um ihre vielgeschmähte „fade Blondheit“ loszuwerden.

Haarfärbemittel

275 ccm Feinsprit, 95%
5 g Rumessenz Ia
3 g Bayöl
1 g Geraniumöl
Aqua destill.
Zuckercouleur zur Braunfärbung

Ein Blick auf Rudolfs Toilettetisch

Zwar lebte das junge Paar sich bald auseinander und es kam zu häßlichen Szenen. Doch hatten sich die Wogen geglättet, wurde das Eheleben weitergeführt. Und da konnte es sicher geschehen, daß Stéphanie einen Blick auf Rudolfs Toilettetisch warf, der nicht nur eine Menge Medikamente beherbergte, sondern auch manche kosmetischen Verschreibungen seines Hofarztes Dr. Auckenthaler. So verordnete er seinem hohen Patienten gegen den drohenden Haarausfall ein *Chinin-Haarwasser*.

Chinin-Haarwasser

3 g Chinin Sulf.
8 g Tannini
16 g Rizinusöl
200 g Sprt. Vini Gallici
100 g Aqua destil.

Damals wußte man noch nicht, daß die Bestandteile der Chinarinde, Chinin und Tannin, gefährlich sind und zu Erkrankungen des Haarbodens führen können. Sie werden daher heute kaum mehr verwendet.

Unter den männlichen Mitgliedern des Erzhauses wechselten viele der wirksamsten Rezepturen, während die weiblichen oft eifersüchtig ihren Schatz hü-

Schleichs Hautcreme

40 g Cera alba
50 g Walrat
30 g Lanolin
20 g Glyzerin

Marie Festetics, Hofdame der Kaiserin, mit typischer Sisi-Frisur

Wichtig für Damen!

Der Gefertigte erlaubt sich die geehrte Damenwelt auf seine k. k. a. pr. Damen-Vorsteck-Stahl-Kämme, unter dem Namen

Elisabeth-Kämme,

aufmerksam zu machen, welche alle Vorzüge der Schildkrötenkämme in Beziehung auf Leichtigkeit, Elastizität und Schönheit in sich vereinen, ja dieselben noch bei weitem übertreffen, ohne mit dem Fehler aller Hornkämme behaftet zu sein, bei welchen sich die Zähne durch die natürliche Wärme des Körpers gegen das Haupt krümmen und sodann nicht nur beim Vorstecken, sondern selbst während dem Tragen Schmerzen verursachen. Der Gefertigte hat dafür gesorgt, daß in seiner Fabriks-Niederlage: Wieden, Adlergasse Nr. 778, stets die größte Auswahl vorräthig sei, und sonach jedem, auch dem feinsten Geschmack bezüglich der äußern Eleganz Genüge geleistet werden kann. Jedem weitern Lobes sich enthaltend, ladet zur gefälligen Besichtigung ergebenst ein **Alex. Ziegler.**

Privilegiums- und Fabriks-Inhaber.

Bestellungen aus Provinzen werden durch Briefe franco erbeten an die Fabrik neue Wieden, Hauptstraße Nr. 480. 4988—1

Zeitungsreklame für „Elisabeth-Kämme", zur Jahrhundertwende

Lithographie von Emile Desmaisons, 1870 nach einem Gemälde von F. Ruß

teten. Anders in der Familie der Kronprinzessin. Sie versorgte später auch ihre Tochter Elisabeth mit den Hof-Rezepten. Und diese gab Geheimrezepte des Kaisers an ihren Gemahl, den Fürsten Otto Windischgrätz, weiter. Noch als Frau Petznek verriet Stéphanies Tochter Elisabeth das bewährte Rezept der *Schleichschen Hautcreme*.

120 g Orangenblütenwasser
75 g Mandelöl, süß
2 Tropfen Maiglöckchenöl

Großer Aufwand wurde bei der Schönheitspflege Stéphanies mit Rosenwasser getrieben. Sie bestellte es gleich literweise in der Hof-Apotheke. Sicher wurde es auch für Kompressen verwendet, die damals nach der Hautreinigung stets zur Erfrischung und Straffung der Konturen angewandt wurden.

Ein Schönheitsfehler, den sie mit vielen Blondinen teilte, waren die Sommersprossen. Dagegen verschrieb Hofarzt Auckenthaler der jungen Kronprinzessin eine einfache Salbe, die Schweineschmalz zur Grundlage hatte

Diese wirksame Salbe hatte Stéphanie auch in ihrer Reise-Apotheke neben vielen anderen Cremes, Parfüms und Schminken.

Zinksalbe

1 Teil Zinkoxyd, roh
9 Teile Benzoeschmalz

Kronprinz Rudolfs Brillantine

Er duftete meist stark nach Veilchenparfüm, der Kronprinz, was seinen strengen Vater in Harnisch brachte. Schuld daran war jedoch nicht ein „Herrenparfüm", sondern eine *Brillantine*, welche die Reste seiner Haarpracht einigermaßen fixieren sollte.

Brillantine

2 Teile Walrat
60 Tropfen Olivenöl
80 Tropfen Extr. Violett (Veilchenparfüm)

Blütenextrakte wurden zu jener Zeit aber schon Hand- und Gesichtssalben für die „Kindskammer" zugesetzt. Ein *Gelee zur kindlichen Hautpflege* duftete also schon intensiv nach Rosenparfüm.

Gelee zur Hautpflege

5,8 g Gelatine
80 g Aqua Rosarum
180 g Glyzerin
60 g Aqua destil.
8 Tropfen Rosenöl

Genetisch bedingte Zahnschäden

Wie sich zeigte, vererbte sich die Veranlagung zu schlechten Zähnen und Erkrankungen des Zahnfleisches auf die Enkel des Kaiserpaares. In den Hof-Apothekenbüchern finden sich Rezepturen von Professor Peham und Professor Julius Scheff, welche als Hof-Zahnärzte fungierten, für die Kindskammer. Da gab es *Kamillen-Tinktur zum Pinseln* empfindlichen Zahnfleisches, aber auch antiseptisch wirkende Mittel.

Kamillen-Tinktur

1 g Spir. conc.
5 g Jothion
1 g Glyzerin

Heute wird dringend vor jodhaltigen Rezepturen gewarnt, weil Jod zu den tiefwirkenden Giften zählt.

Unbekannt sind heute auch „*Carabellis Zahnpulver*" und „*Tinktur Spilart*", während ein *Mundwasser* tropfenweise durchaus auch heute noch Verwendung finden kann.

Mundwasser

100 g Pfefferminzöl
5 g Krauseminzöl
20 g Anisöl
5 g Nelkenöl
5 g Neroliöl, französ.
3 g Rosenöl
1 g Wintergreenöl
1 g Zimtöl

Im Alter versteckte die Kaiserin ihr Gesicht – auch wegen der schlechten Zähne – häufig vor der Öffentlichkeit

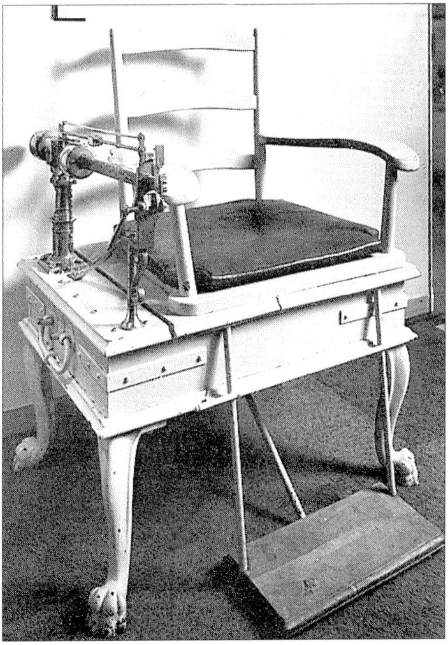

Personenwaage zur laufenden Gewichtskontrolle, aus der Kurapotheke Bad Gastein, 1895

Die Herstellung von Seifen

Poppäas Milch-Mandel-Seife

50 g weiße Toiletteseife
100 g weißes Bienenwachs
40 ml Rosenwasser
20 g Magermilchpulver
20 ml süßes Mandelöl

Daß die schöne römische Kaiserin Poppäa mit Milchbädern ihre Schönheit zu erhalten suchte, ist bekannt. Wir machen uns auch heute noch ihre kosmetischen Geheimnisse zunutze. Denn die wertvollen Eiweißbausteine der Milch und die nährenden, beruhigenden Substanzen des Mandelöls gehen eine harmonische Verbindung ein.
Die Toiletteseife wird feingeschnitzelt. Dann schmilzt man sie in einem bauchigen Gefäß im heißen Wasserbad, und unter Rühren mit einem Holzspachtel oder -löffel fügt man das Bienenwachs hinzu. Das Rosenwasser leicht erwärmen und vorsichtig mit dem Magermilchpulver cremig rühren. Dieses Gemisch mit dem süßen Mandelöl zusammen in die noch heiße Seifenschmelze einrühren. Unter Rühren erkalten lassen. Entweder kleine, runde Bällchen formen, die man in Seidenpapier aufhebt, oder noch warm in Plastikförmchen (Herzen, Sternchen etc.) gießen.

Dr. Hebra Beinwell-Heilseife

50 g weiße Toiletteseife
30 g Beinwellwurzel, feinstgerieben
40 ml Olivenöl
20 ml Rosenwasser

Die Toiletteseife feinschnitzeln. Beinwellwurzel in einem Glas mit Olivenöl übergießen und zwei Tage ziehen lassen. Danach durch ein Haarsieb pressen. In heißem Wasser Toiletteseife schmelzen. Das Beinwellöl unterrühren. Rosenwasser erwärmen und beifügen. Vor dem Erkalten kleine Bällchen formen und in Buntpapier hüllen.

Naturkräuter-Seife

60 g weiße Toiletteseife
100 g weißes Bienenwachs
20 g Ringelblumenblüten
20 g Kamillenblüten
50 ml Olivenöl
50 ml destilliertes Wasser

Die weiße Toiletteseife feinschnitzeln. Mit dem Bienenwachs in heißem Wasserbad schmelzen. Ringelblumen- und Kamillenblüten zwischen den Fingern fein zerreiben. In Glasbehälter schichten. Das Olivenöl übergießen und zwei Tage lang ziehen lassen. Mit einer Holzkelle durch ein Haarsieb pressen, so daß nur der trockene Pflanzenrest zurückbleibt. In heißem Wasserbad mit dem Seifen-Wachs-Gemisch zusammenschmelzen. Das destillierte Wasser separat erwärmen und hinzufügen. Das warme Gemisch zu Bällchen formen, erkalten lassen und in Seidenpapier gehüllt aufbewahren.
Auch diese Seife eignet sich hervorragend für die Reinigung der empfindlichen, überbeanspruchten Haut. Sie fettet zurück und kann unbesorgt auch für das Gesicht verwendet werden.

Avocado-Flüssigseife

50 g weiße Rasierseife
60 g weißes Bienenwachs
40 ml Avocadoöl
100 ml Orangenblütenwasser

Die weiße Rasierseife feinschnitzeln. In heißem Wasserbad mit dem weißen Bienenwachs zusammenschmelzen. Das Avocadoöl separat im Wasserbad etwas erwärmen und unter die Seifen-Wachs-Schmelze rühren. Das Orangenblütenwasser erwärmen und ebenfalls unterrühren.

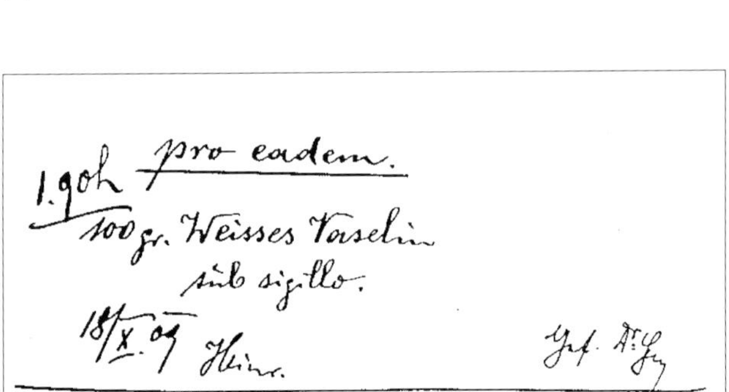
pro eadem.
100 gr. Weisses Vaselin
sub sigillo.

Rezept aus den Büchern der Hofapotheke

Echte Mandel-Honig-Schönheitsseife

1 Stange Rasierseife weiß
40 ml Rosenwasser
1 EL Bienenhonig
1 EL Lanolin
1 Tropfen Bittermandelöl

Rote, rissige Hände, feine Babyhaut, übersensible, zu Reizungen neigende Haut sind dankbar für eine Seife mit Mandel, Bienenhonig und Lanolin.
Dafür schnitzelt man wieder ein Stück Seife fein.
Die Seife wird in der Porzellanschale zusammen mit dem Rosenwasser im heißen Wasserbad geschmolzen. Lanolin und Bittermandelöl kommen unter Rühren dazu. Dann vom Feuer nehmen, unter Rühren erkalten lassen und den Bienenhonig beifügen.
Man gießt die Seife auf eine geölte Marmor- oder Glasplatte und läßt sie völlig erstarren. Dann schneidet man sie in Würfel oder Taler.

Türkische Prinzessinnen-Seife

1 Stück weiße Babyseife
30 g süßes Mandelöl
200 g Hafermehl oder Mandelkleie

Die Babyseife wird ganz fein geschnitzelt. Man gibt sie in ein Porzellangefäß, bedeckt sie knapp mit kaltem Wasser und läßt sie eine Nacht stehen. Morgens wird sie im heißen Wasserbad zum Schmelzen gebracht. Nun fügt man unter Rühren das Mandelöl hinzu. Dann arbeitet man Hafermehl oder Mandelkleie unter. Bis zum Erkalten weiterrühren. Noch warm werden kleine Bällchen aus der Masse geformt. Diese Seife ist hervorragend zur Reinigung und Pflege überempfindlicher Haut geeignet. Auch fettige, unreine, gereizte Haut wird bei längerem Gebrauch normalisiert.

Darstellung mit Blüten- und Kronendiadem

Honigseife „Sisi"

120 g gelbes Bienenwachs
60 g weiße Babyseife
20 g süßes Mandelöl
50 g Rosenwasser
1 EL Bienenhonig

Wachs und feingeschnitzelte Seife im heißen Wasserbad zusammenschmelzen. Das Mandelöl und das erwärmte Rosenwasser unterrühren. Die Masse vom Feuer nehmen, unter Rühren kurz vor dem Erkalten den Bienenhonig untermischen. Kleine runde Bällchen formen und in Seidenpapier einschlagen.
Die Seife ist nährend und pflegend.

Porträt mit Perlenkette

Orientalisches Luxusbad

1 l Milch
1 Tasse Blütenhonig
2 EL Pollen
Duftessenzen nach Wahl

Nofretete mag Esels-, Kamel- oder Stutenmilch genommen haben, aber normale Kuhmilch tut's auch. Milch und Blütenhonig werden im warmen Badewasser verrührt. Dazu kommen Pollen und Duftessenzen nach Wahl. Naturöle aus den verschiedensten Grundstoffen sind in Bioläden erhältlich: Amber, Gewürznelke, Sandelholz, Patchouli, Orchidee oder Zentifolie. Wenige Tropfen genügen.
Außer seinem betörenden Duft weist das Bad noch biologische Aktivstoffe auf, wie Eiweiß, Fett, Kohlehydrate, Vitamine, Mineralien, Hormone und Spurenelemente. Es erfrischt und ersetzt verlorengegangene Energie. Übrigens: Die Duftkomponenten desodorieren auf natürliche Weise.

Kräuterbad

Lindenblüten, Kamille, Pfefferminze, Rosmarin, Fenchel, Heublumen, Lavendel, Salbei (je 1/2 Handvoll)
1 1/2 Tassen Honig
Wasser

Kräuter werden mit kochendem Wasser übergossen und 1 Stunde bedeckt stehen gelassen. Den Sud in das mit Honig vermischte warme Badewasser seihen. Kräuter dabei auspressen.
Dieses Bad belebt erschlaffte Haut und Lebensgeister. Es fördert die Durchblutung und reinigt die Poren.

Fußwaschungskrug des Kaisers, 1893

Kleiebad

250 g Kleie
1 Tasse Honig
Wasser

Die heilende und pflegende Wirkung der Weizenkleie war schon unseren Urgroßmüttern bekannt. Die Kleie wird in ein Leinensäckchen gefüllt und in das mit Honig vermischte Badewasser gehängt. Man kann die Weizenkleie auch heiß überbrühen und durch ein feines Sieb ins Wasser geben.
Das Kleiebad reinigt mild, ist gut gegen entzündliche Haut und eignet sich auch hervorragend zur Säuglings- und Kinderpflege.

Milchbad à la Kleopatra

1 1/2 l Milch
1 1/2 Tassen Honig
(für eine gefüllte Wanne)

15 bis 20 Minuten Badedauer in 36 bis 39 Grad warmem Wasser verschafft eine zarte Babyhaut und aufregend glänzende Schultern.

Schönheitsbad à la George Sand

300 g Meersalz
1/4 l Sahne
2 Tassen Honig

Die Schriftstellerin Aurore Baronin Dudevant, die unter ihrem Pseudonym George Sand weltberühmt wurde, pflegte regelmäßig ein Bad zu nehmen, das ihre nicht weniger berühmte Haut wunderbar geschmeidig machte: Zutaten ins warme Badewasser geben und auflösen.

Gemälde mit Rosenstrauß

Honig-Milch-Bad à la Ninon de l'Enclos

500 g Salz
1 l Milch
1 Tasse Honig

Salz zur Entschlackung der Haut in die trockene Badewanne geben und warmes Wasser darauflaufen lassen. Derweil Milch erwärmen und Honig darin auflösen, die Mischung ins Badewasser rühren und 15 bis 20 Minuten darin entspannen.
Bei trockener Haut weniger Salz und mehr Milch nehmen!

Öl-Buttermilch-Bad für trockene Haut

Oliven- oder Mandelöl
3 l Buttermilch
1 1/2 Tassen Honig

Vor dem Baden den ganzen Körper mit Oliven- oder Mandelöl einreiben, dabei besonders rauhe Hautstellen, Ellenbogen und Fersen massieren. Buttermilch und Honig ins warme Badewasser geben. Der Ölfilm wäscht sich darin ab, die Milchsäure stabilisiert den Schutzmantel der Haut.

Intim-Kräuterspülung

30 g Lavendelblüten
10 g Rosmarin
10 g Salbei
5 g Eukalyptusblätter
10 g Pfefferminze
10 g Bockshornklee

Die Kräuter werden zerkleinert und untereinander fein gemischt. Man bewahrt sie in Batist- oder Leinenbeuteln, luftig aufgehängt.
Zum jeweiligen Gebrauch wird 1 Eßlöffel Kräutermischung auf 1 l kochendes Wasser dosiert. Die Kräuter werden mit dem sprudelnd kochenden Wasser übergossen. Sie müssen bis zum Erkalten zugedeckt ausziehen. Dann filtert man sie ab und drückt die Pflanzenrückstände kräftig aus, die man zum gewonnenen Extrakt gibt. Bei der Anwendung soll die Kräuterspülung Körpertemperatur haben. Sie wird speziell an Tagen des Unwohlseins, jedoch auch im Sommer und bei Katarrhen oder Entzündungen im Intimbereich als Waschung benutzt. Nach Maßgabe und Erlaubnis des Arztes darf die Kräuterspülung auch intern angewandt werden.

Diese Spülung ist mild und angenehm. Sie wirkt leicht zusammenziehend. Dabei hat sie hervorragend geruchshemmende und erfrischende Eigenschaften.

Intim-Pflegeöl

30 g Schafgarbe
30 g Salbei
20 g Weidenblätter
10 g Kamillenblüten
10 g Bärentraubenblätter
100 g reines Olivenöl
10 g Avocadoöl
2 Tropfen Lavendelöl

Die verschiedenen Kräutersorten werden gut untereinander gemischt und mit dem Olivenöl übergossen, das vorher erhitzt wurde (etwa 70°). In einer weithalsigen Flasche läßt man das Gemisch etwa eine Woche lang ziehen. Dabei soll immer wieder gerührt werden, bis alles von Öl durchtränkt ist.
Danach filtert man ab, preßt den Pflanzenrückstand zu dem gewonnenen Öl, rührt das Avocadoöl und das parfümierende Lavendelöl unter und gießt das Ganze in braune Apothekerflaschen.

Parfumwerbung um 1880

Jungfernmilch

1 g Benzoetinktur
30 g Rosenwasser

Beide Zutaten eine braune Apothekerflasche geben, gut durchmischen.

Petersilien-Reinigungsmilch

50 g Olivenöl
30 g süßes Mandelöl
50 g Lanolin
1 EL gehackte frische Petersilie

Die gehackte Petersilie in verschließbarem Glas mit Olivenöl übergießen, eine Woche lang verschlossen ziehen lassen, dann durchfiltern. Pflanzenrückstand ausdrücken, dazugeben. Olivenöl, Mandelöl und Lanolin im heißen Wasserbad zusammenschmelzen.
Eine milde, reinigende und pflegende Milch, zartschmelzend, speziell für die sehr sensible, zu Rötungen neigende Haut, wie Sisi sie hatte.

Buttermilch-Reinigungspaste nach Pfarrer Kneipp

35 g Mandelkleie
1 Messerspitze Agar-Agar
1 ungespritzte Zitronenschale abgerieben und getrocknet
1/2 Tasse frische Buttermilch

Schlaffe, reife und schlecht durchblutete Haut braucht die anregende Behandlung, die vorteilhaft schon mit der Reinigung beginnt. Diese Form der Reinigung löst abgestorbene Hautzellen ab, strafft erschlaffte Konturen, führt frisches Blut in blasse, fahle Hautpartien.
Die ersten drei Zutaten gut mischen, mit der Buttermilch zu einer glatten Paste verrühren. Nach Bedarf noch Buttermilch zufügen.

Bildnis der jugendlichen Kaiserin um 1854

Die Seife fein schnitzeln. In hohem Plastik- oder Porzellangefäß mit dem destillierten Wasser begießen, eine Nacht stehenlassen. Danach unter Rühren im Wasserbad erhitzen, bis alles gelöst ist. In die etwas abgekühlte Masse Oliven- oder Mandelöl einrühren. Kamillentee kochen, durchfiltern, noch warm zu der Masse rühren. Noch warm in Porzellangefäß mit Deckel gießen und kühl aufbewahren.
Kamillen-Hautmilch reinigt schonend. Sie besänftigt sensible, gereizte Haut, nährt, pflegt und glättet.

Kamillen-Hautmilch zur Reinigung

45 g feine weiße Rasierseife
1 Tasse destilliertes Wasser
35 g Olivenöl
30 g süßes Mandelöl
10 g Kamillenblüten
1 Tasse Wasser für Kamillentee

Die geriebenen süßen Mandeln (oder das Mandelmus) werden unter ständigem Rühren mit dem Glyzerin vermischt. Das Rosenwasser wird erwärmt und portionsweise mit dem Milchpulver zusammengerührt. Noch warm gibt man das Gemisch zur Fettschmelze. Bis zum völligen Erkalten muß gerührt werden. Man kann die gewonnene Mandelmilch noch durch ein Haarsieb oder Mulltuch filtern.
Diese Mandelmilch ist noch echt, während alle im Handel befindlichen, mit wenigen Ausnahmen, künstliche Mischungen sind.
Mandelmilch war wohl das älteste Kosmetikum. Sie kann zur Reinigung, zum Nähren, Pflegen und Glätten der Haut angewendet werden. Sie hält sich in braunen Apothekerfläschchen, gut verschlossen und kühl aufgehoben, einige Wochen frisch.

Mandelmilch

50 g geriebene süße Mandeln oder Mandelmus
35 g Glyzerin
75 g Rosenwasser
10 g Milchpulver

Avocado-Reinigungsmilch

40 g Avocadoöl
180 g Rosenwasser
1 TL Milchpulver
10 g Trockenmagermilch

Sehr beliebt waren auch milchartige Reinigungsflüssigkeiten, die reinigend und pflegend zugleich wirken. Hier eine Reinigungsmilch mit dem wertvollen Avocadoöl.
Milchpulver und Trockenmagermilch werden im angewärmten Rosenwasser aufgelöst, das Avocadoöl wird hinzugefügt, tüchtig durchgeschüttelt und das Ganze in eine braune Apothekerflasche gefüllt. Gut verschließen.
Durch die wertvollen Vitalstoffe und Vitamine im Avocadoöl, verbunden mit den im Milchpulver enthaltenen Fermenten des Joghurt, ist diese Reinigungsmilch hervorragend für trockene, faltige, fettarme Haut geeignet. Sie fettet zurück. An Vitaminen enthält das Avocadoöl übrigens die Vitamine A, B_1, B_2, D, G und E, K, H und PP.

Buttermilchreinigung

1 Schälchen frische Buttermilch
1 Wattebausch

Die Haut von Gesicht, Hals und Dekolleté sollte möglichst ganz ohne Seife gereinigt werden. Sehr gut eignet sich hierfür unsere Buttermilch.
Man tränkt den Wattebausch in der Buttermilch und reinigt damit die Haut in sanften Strichen aufwärts, vom Dekolleté beginnend.

Gundelrebenlotion

60 g Gundelrebenblüten
200 ml destilliertes Wasser
100 ml Orangenblütenwasser
30 ml Zitronensaft

Gundelrebenblüten mit dem kochenden Wasser überbrühen und zugedeckt erkalten lassen. Danach durch ein Haarsieb gießen und den Pflanzenrückstand auspressen. Orangenblütenwasser und Zitronensaft beifügen und alles kräftig schütteln. In braunen Apothekerflaschen kühl aufbewahren.
Die Gundelrebe war schon in der Antike für die reinigende Kosmetik bekannt. Sie wirkt auch heilend und empfiehlt sich daher bei kleinen Hautrissen und Wunden.

Schonende Kamillenreinigung

30 g Römische-Kamille-Blüten
130 ml Distelöl

Die Römische-Kamille-Blüten zwischen den Fingern fein zerreiben. In einem hitzefesten Glasgefäß mit Öl übergießen und in heißem Wasserbad 1 Stunde lang erhitzen. Dabei soll das Gefäß unbedeckt bleiben. Erkalten lassen und durch einen Kaffeefilter gießen. Pflanzenrückstand gut auspressen.
Das Kamillenöl auf einen feuchten Wattebausch träufeln, damit das Gesicht reinigen. Kühl aufbewahren.

Sisis Reinigungsmilch

5 g Gelatine
180 g Glycerin
60 destilliertes Wasser
einige Tropfen Rosenöl

Eine von Sisi besonders geschätzte Milch zur Reinigung von Gesicht und Dekolleté. Alle Zutaten im Wasserbad zusammenschmelzen, erkalten lassen.

Lavendel-Wasser

10 g Lavendelöl
200 g Rosenwasser für Kompressen

Reinigungs-Rosenmilch

1 g Tragant
50 g destilliertes Wasser
10 g Glycerin
5 g Alkohol, 90%
20 g Rosenwasser

Bouquet „Valerie“

30 ml Zitronensaft
30 g Bienenhonig
200 ml destilliertes Wasser

Alle drei Zutaten zusammengeben und kräftig durcheinanderschütteln. Am besten in braungefärbten Apothekerflaschen aufbewahren.
Zitronensaft belebt und hellt die Haut auf. Zusammen mit reinem Bienenhonig ergibt sich ein sehr erfrischendes Reinigungswasser, das, morgens und abends angewendet, zusammenziehende Lotionen überflüssig macht. Sehr gut auch bei Mitessern und Pustelbildung.

Honig-Weizen-Waschemulsion

30 g Bienenhonig
30 ml Weizenkeimöl
40 g Mandelkleie
20 g Orangenschale

Bienenhonig mit Weizenkeimöl zusammen verrühren. Danach die Mandelkleie beifügen.
Dickschalige Orangen so schälen, daß zwei Hälften entstehen. Diese Hälften sehr heiß und gut waschen. An der Luft trocknen lassen. Danach auf einer feinen Glasreibe abreiben. Nochmals einen Tag lufttrocknen lassen, wobei man das Gemisch auf Pergamentpapier ausbreitet. Das getrocknete Gemisch unter die ersten drei Zutaten mengen.

Blick aus dem Fenster, Photographie um 1870

Orientalisches Reinigungsgel

30 g rote Rosenblätter (frisch oder getrocknet)
20 g Zitronenmelissenblätter
20 g Veilchenblätter
150 ml Orangenblütenwasser
20 g Agar-Agar
20 g Beinwurz

Rosen-, Zitronenmelisse- und Veilchenblätter in ein bauchiges Glasgefäß schichten, gut mischen. Das erwärmte Orangenblütenwasser übergießen. Zwei Tage lang ziehen lassen. Durch einen Kaffeefilter gießen und gut auspressen. Das entstandene Blütenwasser erhitzen und klümpchenfrei mit Agar-Agar verrühren. Beinwurz in einer Pfeffermühle feinmahlen. Mit etwas Orangenblütenwasser bedecken und einige Stunden quellen lassen. Danach durch ein Haarsieb pressen. Mit dem Agar-Agar-Gemisch verrühren.
Das Reinigungsgel abends dünn auf Gesicht, Hals und Dekolleté geben. Mit angefeuchtetem Wattebausch abwischen. Es ist sehr gut für fettige und feuchtigkeitsarme Haut.

Gurken-Reinigungsmilch

1/2 Salatgurke
30 ml Glyzerin
40 ml Rosenwasser

Die Salatgurke auf einem Glashobel reiben und das entstandene Mus durch ein Leinentuch drücken. Den Gurkensaft mit Glyzerin und Rosenwasser in einer Glasflasche mit Stöpsel kräftig schütteln.

Molke-Reinigungsmilch

1/4 l Molke
60 g Hafermehl
20 ml Reisöl
20 g Mandelkleie

Molke hat eine vorzüglich desinfizierende, hautreinigende Wirkung, weshalb sie heute ihren Platz in der Naturkosmetik findet. In der Kombination mit dem vitaminreichen Reisöl baut die Molke den natürlichen Hautschutz wieder auf. Man rührt Molke und Hafermehl klümpchenfrei zusammen, gibt das Reisöl hinzu und zuletzt die Mandelkleie. Auf Reisen bevorzugte die Kaiserin einfache Kosmetika.

Kamillen-Lavendel-Bouquet

40 g Kamillenblüten
20 g Lavendelblüten
20 g Rosamarinblätter
2 l Wasser

Man zerreibt die Kamillen-, Lavendelblüten und Rosmarinblätter zwischen den Fingern und hebt sie in einem weitbauchigen Glasgefäß mit Stöpsel auf. Für den jeweiligen Gebrauch 1 Eßlöffel auf 2 Liter sprudelnd kochendes Wasser, damit die Kräuter übergießen. Zugedeckt erkalten lassen. Danach durchseihen.
Die Spülung ist erfrischend an heißen Tagen.

Sahnige Reinigungsmilch

40 cl süßes Mandelöl
20 g Lanolin
20 g Magermilchpulver
100 ml Orangenblütenwasser

Man verrührt Mandelöl mit Lanolin. Magermilchpulver gibt man klümpchenfrei zu dem Orangenblütenwasser. Dann wird alles zusammengegossen und in einer Glasflasche mit Verschluß (oder in einem Flacon) kräftig geschüttelt.
Zur Reinigung jeweils eine kleine Quantität auf den angefeuchteten Wattebausch geben und damit die Haut von Hals und Gesicht gründlich reinigen.

Mandelpaste à la Nofretete

50 ml süßes Mandelöl
20 g Lanolin
20 g Hafermehl
10 g Orangenschalenaroma

Dieser Paste soll die sagenhafte Nofretete ihre Schönheit verdankt haben! Die Zubereitung ist ganz einfach. Alle vier Zutaten werden miteinander verrührt. Vor der Benutzung wird die Haut angefeuchtet und die Paste in sanften Kreisen darauf verrieben. Danach mit viel Wasser abspülen.

Rötelzeichnung von J. v. Koppay

Honig-Mandel-Paste

2 EL Honig
2 EL Mandelmus
2 EL Seesand-Mandelkleie

Alles gut miteinander verrühren. Die Paste mit den Fingerspitzen in kleinen kreisenden Bewegungen sanft auf Gesicht und Hals, gegebenenfalls auch auf Dekolleté und Nacken verteilen. Antrocknen lassen, dann mit lauwarmem Wasser ebenso sanft abspülen.

Milch-Mandelkleie

100 g Weizenkeimmehl
50 g Sojavollmehl
50 Mandelkleie
10 g Milchpulver
5 Tropfen Bittermandelöl

Alle Zutaten gut miteinander mischen. In gut verschließbarer Porzellan- oder Glasdose aufheben.
Man mischt jeweils eine Portion Milch-Mandelkleie in der hohlen Hand mit etwas warmem Wasser, so daß ein Brei entsteht, den man auf der Haut verteilt. In kreisenden Bewegungen wird die Haut gereinigt. Mit Wasser abspülen.
Schuppige Haut wird glatt, fahle, schlaffe Haut gewinnt an Frische und Spannkraft bei regelmäßigem Gebrauch dieser Milch-Mandelkleie.

Rosen-Reinigungscreme

25 g Lanolin
25 g Walrat
30 g Kakaobutter
10 g Glyzerin
100 g destilliertes Wasser
20 g Rosenwasser

Hier das Rezept für eine äußerst feine Reinigungscreme, die sich vorzüglich für die Augenpartie eignet. Auch trockene, schuppige Haut wird am besten mit dieser idealen Abschminkcreme gereinigt.
Die ersten drei Zutaten werden im heißen Wasserbad unter Rühren zusammengeschmolzen. Es folgt das Glyzerin. Das erwärmte destillierte Wasser und das Rosenwasser unter die erkaltende Masse rühren.

Mandel-Reinigungsgelee

50 g geriebene süße Mandeln oder Mandelmus
125 g Rosenwasser
1 Messerspitze Milchpulver
1 Messerspitze Agar-Agar

Die feinstgeriebenen Mandeln oder das Mandelmus mit dem erwärmten Rosenwasser glattrühren, Milchpulver und Agar-Agar zufügen. So lange rühren, bis das Gemisch sämig wird. In Glas- oder Porzellangefäß verschlossen und kühl aufheben.
Jeweils etwas Reinigungsgelee auf die angefeuchteten Hände geben und damit in sanften Strichen die Haut reinigen.
Nährend und besänftigend für leicht gereizte Haut.

Reinigungssahne

2 EL Magermilchpulver
1 KL Milchpulver
1 Messerspitze Agar-Agar
1/8 l Rosenwasser
4 KL süßes Mandelöl

Magermilchpulver und Milchpulver mit dem Agar-Agar mischen, in das erwärmte Rosenwasser rühren. Das erwärmte Mandelöl unter ständigem Rühren dazugeben. In verschließbarem Fläschchen aufheben. Vor jedem Gebrauch gut durchschütteln.
Gesicht, Hals und Dekolleté mit der Sahne einfetten, mit reichlich warmem Wasser abnehmen.

Sesamöl-Reinigungscreme Hepzibah

30 ml Sesamöl
50 g Lanolin
30 ml Rosenwasser

Man rührt Sesamöl und Lanolin zusammen und fügt Rosenwasser hinzu.
Sesamöl enthält viel Eiweiß und wichtige Mineralstoffe. Es war schon bei den alten Römern (und Römerinnen!) beliebt.

Mandelpaste

300 g geschälte süße Mandeln gerieben
400 g Rosenwasser
50 g Alkohol, 90%
25 g Glyzerin
1 Tropfen Bittermandelöl

Alle Zutaten miteinander vermischen, für Hautreinigung.

Elisabeths Schwester Marie, Königin von Neapel, wechselte mit ihr Schönheitsrezepturen aus

Kaiser Franz Joseph I., Lithographie von Josef Kriehuber, 1875

Gesichtswasser und Lotionen

Tonerde-Zitronen-Lotion

Tonerde im destillierten Wasser auflösen und Zitronensaft dazugeben. Gut durchmischen und mit Alkohol auffüllen.
Die Lotion ist speziell für die fettige, unreine und zu Ekzemen neigende Haut gedacht, die auch tagsüber mehrmals damit behandelt werden sollte.

20 g Tonerde (Bolus alba)
100 ml destilliertes Wasser
20 ml Zitronensaft
20 ml Alkohol 50%

Malvenlotion

30 g Malvenblüten
200 ml destilliertes Wasser
20 ml Alkohol, 50%
50 ml Orangenblütenwasser

Man kocht die Malvenblüten in dem destillierten Wasser 10 bis 15 Minuten bei mittlerer Flamme und läßt den Tee zugedeckt erkalten. Dann gießt man alles durch ein Haarsieb. Danach mit dem Alkohol und dem Orangenblütenwasser vermischen. Die Malvenlotion in braune Apothekerfläschchen kühl aufbewahren.
Malven haben beruhigende und mildernde Eigenschaften. Daher ist diese Lotion besonders für die irritierte, nervöse Haut gedacht.

Holunderblütenessenz

40 g Holunderblüten
1/4 l destilliertes Wasser
60 ml Alkohol, 50%
50 ml Rosenwasser
40 ml Hamameliswasser

Holunderblüten im destillierten Wasser aufkochen und zugedeckt erkalten lassen. Durch ein Haarsieb gießen. Blütenrückstand gut auspressen. Man gießt nacheinander den Alkohol, das Rosen- und das Hamameliswasser zu der Flüssigkeit und schüttelt alles zusammen kräftig durch. Am besten in braunen Apothekerflaschen aufheben.
Der schwarze Holunder, der hier verwendet wird, enthält wertvolle ätherische Öle, Stoffe der Gerbsäure, welche zusammenziehend und heilend wirken, Pektin, welches imstande ist, Flüssigkeit in der Haut zu halten, und fettige Substanzen, die das Hautfett harmonisch ergänzen. Schon im Mittelalter kannte man den Schwarzen Holunder und seine Heilkraft bei Haut- und Augenlidentzündungen. Bei müden Augen gibt man ein paar Tropfen dieser Essenz auf angefeuchtete Wattebäusche und legt diese auf die Augenlider.

Hautstraffendes Hopfentonikum

30 g Hopfendolden
200 ml destilliertes Wasser
30 ml Alkohol, 50%
40 ml Rosenwasser

Hopfendolden im destillierten Wasser 10 bis 15 Minuten lang bei mittlerer Flamme kochen. Danach zugedeckt erkalten lassen. Durch ein Haarsieb gießen. Mit Alkohol und Rosenwasser mischen. In braune Apothekerfläschchen gießen. Kühl aufbewahren.
Hopfen ist aufgrund seiner Pflanzenhormone ein wertvolles Kosmetikum. Er stärkt und strafft bei regelmäßiger Anwendung die reife Haut, verflacht Faltenreliefs und hebt die Konturen wieder. Mit einem Wort: Er verjüngt die Haut. Früher ersetzte Hopfen Hormonpräparate.

Königinnenwasser

Schale einer Zitrone, ungespritzt, naturbelassen
20 g Lavendelblüten
30 g Orangenblüten
20 g Pfefferminze, getrocknet
10 g Rosmarinblätter und -blütenspitzen
200 ml verdünnter Weingeist, 70%
100 ml dest. Wasser

Die Schale einer naturbelassenen (nicht gewachsten) Zitrone vorsichtig von den weißen Häutchen befreien und sehr fein stifteln. Die Lavendel- und Orangenblüten zwischen den Fingern ganz fein zerreiben. Ebenso Pfefferminze und Rosmarin. Alles gut gemischt in einem bauchigen Glasgefäß (oder auch aus Porzellan) aufeinanderschichten und mit dem Weingeist übergießen. Mulltuch überlegen und an einem warmen Ort sechs Tage lang ziehen lassen. Danach zuerst durch ein gröberes und dann durch ein sehr feines Sieb gießen. Mit einem Holzlöffel den Pflanzenrückstand gut auspressen. Mit dem destillierten Wasser mischen und in einen schönen Flacon oder braunes Apothekerfläschchen gießen.
Dieses altbekannte Toilettewasser machte einst eine Königin so schön, daß sie noch im reifen Alter die Liebe eines Monarchen errang. Es wirkt zusammenziehend, aber auch beruhigend. Die zarte Duftmischung gibt den unvergeßlichen nostalgischen Reiz. Es ist wirksam auch bei unreiner, fettiger Haut.

Mit Hund am Fenster, Photographie um 1870

Lavendelblütenessenz Kaiserin Sisi

40 g Lavendelblüten, getrocknet
130 ml Alkohol, 50%
200 ml destilliertes Wasser

Die Lavendelblüten werden in eine bauchige Flasche geschichtet. Man gießt den Alkohol darüber, verschließt sie gut und läßt das Gemisch drei bis vier Wochen luftdicht an einer dunklen Stelle ziehen. Danach wird es durch ein Haarsieb gegossen, der Pflanzenrückstand gut ausgepreßt und das destillierte Wasser damit vermischt.
Lavendelblütenessenz war das Lieblingswasser der berühmt-schönen österreichischen Kaiserin Elisabeth, die alle Welt nur liebevoll „Sisi“ nannte. Die Kaiserin duftete stets nach Lavendel. Auf Bällen trug sie in ihrer Robe ein mit dieser Essenz besprengtes Tüchlein am Busen.

Lavendelgeist

40 g Lavendelblüten
200 ml Alkohol, 90%
50 ml Hamameliswasser

Man gibt die Lavendelblüten in ein weites Gefäß und gießt den Alkohol darüber. Mit einer Alufolie bedecken und gut zubinden. Nach zwölf Tagen durchfiltern und mit dem Hamameliswasser vermischen.
Das Wasser ist besonders für fettige, angegriffene Haut ideal. Man gibt einige Tropfen des Lavendelgeistes auf einen Wattebausch und behandelt damit die Haut nach der Reinigung. Für schlaffe Haut am Hals.

Verschreibung für Erzherzog Franz Ferdinand

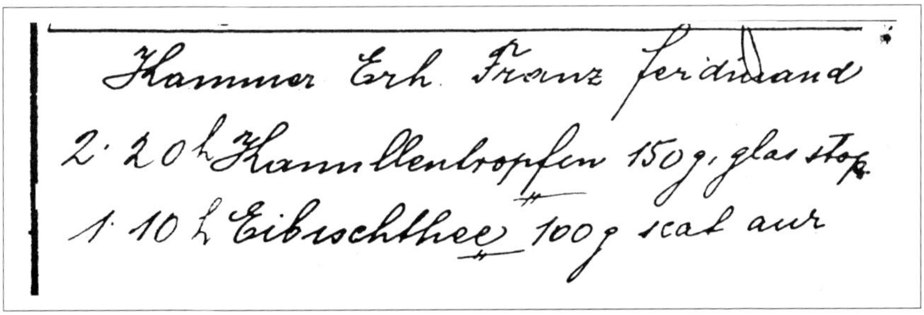
Kammer Erh. Franz Ferdinand
2· 20 L Kamillentropfen 150 g. glas stop.
1· 10 L Eibischthee 100 g scat aur

Rote Sandelholzlotion

20 g Sandelholz
100 ml Alkohol, 50%
1/4 l Rosenwasser

Sandelholz in ein Glasgefäß geben, mit Alkohol übergießen und gut verschließen. Zwei Wochen lang ziehen lassen. Danach durch ein Haarsieb gießen. Mit dem Rosenwasser vermischen und am besten in braunen Apothekerfläschchen gut verkorkt aufheben.

Reines Rosenwasser

300 g rote Rosenblätter, möglichst duftende, frisch gepflückt
1/2 l destilliertes Wasser

Rosenblätter sorgfältig in ein feuerfestes Glas schlichten, destilliertes Wasser darübergießen und beides mit mittlerer Flamme erhitzen. Das Wasser darf nicht kochen! Danach das Gefäß vom Feuer nehmen und mit einem Holzlöffel (kein Metall- oder Silberlöffel!) gut umrühren. Danach bedeckt abkühlen lassen. Man läßt das Gemisch noch eine Nacht lang ziehen und gießt es am Morgen durch ein Sieb. Es hält sich gekühlt eine Woche lang.
In der gleichen Weise läßt sich Orangenblütenwasser herstellen. Kräuterhandlungen führen zumeist auch Orangenblüten, wobei die geöffneten Orangenblüten weit billiger sind als die geschlossenen. Die schon geöffneten reichen aber zur Herstellung von Orangenblütenwasser völlig aus.

Immergrünlotion

25 g Immergrünblätter
1/4 l destilliertes Wasser

Immergrünblätter dreimal in dem destillierten Wasser aufkochen und den Tee zugedeckt erkalten lassen. Danach durch ein Haarsieb gießen. Vorsichtig die Tonerde unterrühren und mit dem Zitronensaft verquirlen. In braune Apothekerfläschchen füllen. Kühl aufbewahren.
Sogar zu „Zaubertränken" wurde Immergrün im

Mittelalter verwendet. Es wirkt heilend und zusammenziehend, aber auch reinigend bei Ekzemen und Hautunreinheiten.

15 g Tonerde (Bolus alba)
20 ml Zitronensaft

Gurkenwasser Aurora

1/2 Salatgurke
100 ml Orangenblütenwasser
30 ml Zitronensaft
10 ml süßes Mandelöl

Die geschälte Salatgurke auf einer Glasreibe reiben. Durch ein weißes Leinentuch pressen. Mit dem Orangenblütenwasser, Zitronensaft und Mandelöl kräftig durchschütteln. Im braunen Apothekerfläschchen aufheben. Vor dem Gebrauch aufschütteln, damit sich das Öl wieder mit der Flüssigkeit verbindet. Berühmt ist die Gurke in der Schönheitspflege seit der Antike. Man erkannte früh ihre reinigende, erweichende Wirkung. Die schöne Mätresse Aurora von Königsmarck erhielt sich ihre Anziehungskraft bis ins hohe Alter durch Gurkenwaschungen des ganzen Körpers.

Quitten-Tonicwasser

30 g Quittenkerne
200 ml Wasser
50 ml Hamameliswasser

Quittenkerne 5 Minuten lang in dem Wasser kochen. Dann gießt man die schleimige Masse durch ein Sieb. Nach dem Erkalten mit dem Hamameliswasser vermischen.
Die Lotion eignet sich wegen ihrer Milde auch für die empfindliche Augenpartie. Wer unter Tränensäcken und geschwollenen Augenlidern leidet, sollte sie morgens und abends leicht mit dem Zeigefinder einklopfen. Auch Hautrisse heilen rascher nach der Behandlung mit dem feinen Quitten-Tonicwasser.

Minzen-Erfrischungslotion

25 g Minzblätter und -blüten
1/4 l Wasser
50 ml Hamameliswasser

Minze bei kleiner Flamme in dem Wasser kochen, etwa eine Viertelstunde lang. Nach dem Erkalten gießt man den Tee durch einen Kaffeefilter. Kräftig mit dem Hamameliswasser zusammenschütteln und in braune Apothekerfäschchen füllen.
Sisi bevorzugte diese Lotion vor allem nach anstrengenden Ausritten.

Altenglisches Orangen-Rosenwasser

40 ml Orangensaft
100 ml Rosenwasser
10 ml Toilette- oder Apfelessig

Die Zutaten zusammenschütteln. Möglichst kühl und ohne Lichteinwirkung aufheben.
Schon die große Lebedame Ninon de l'Enclos verwendete im 17. Jahrhundert dieses Gemisch, um sich begehrenswert zu erhalten. Man sieht: Die einfachsten Schönheitsmittel sind die wirkungsvollsten.

Stärkendes Schachtelhalm-Adstringens

30 g Schachtelhalmtee
1/4 l destilliertes Wasser
30 ml Rosenwasser
10 g Bienenhonig

Schachtelhalmtee mit dem Wasser in einem emaillierten Kochtopf aufkochen und bei kleiner Flamme 10 Minuten lang weiterkochen lassen. Zugedeckt erkalten lassen. In einem Kaffeefilter abseihen. Das Rosenwasser mit dem Bienenhonig gut verquirlen.

Porträt mit Rosendekolleté

Orangentonikum Gräfin Trani

2 Orangen, geschält
100 ml Weinessig
200 ml Orangenblütenwasser

Man gibt die Orangen entweder durch den Entsafter oder zerteilt sie in dünne Scheiben und drückt sie mit einem Mulltüchlein aus. Den Saft vermischt man mit Weinessig und Orangenblütenwasser.

Das Tonikum ist vorzüglich gegen fettige Haut mit großen Poren geeignet. Man sollte es stets nach der Reinigung anwenden. Auch bei angegriffener Haut und geschädigtem Säuremantel hilft dieses saure Orangentonikum vorzüglich.

Dieses Rezept stammt von Sisis Schwester Mathilde.

Minzenessig

40 g Minzenblätter
20 g Zitronenmelissenblätter
100 ml Weinessig
100 ml destilliertes Wasser

Man mischt die Minzen- mit den Zitronenmelissenblättern und schichtet sie in eine bauchige Flasche. Weinessig übergießen und gut verschließen. Zwei Tage lang an einem dunklen Ort ziehen lassen. Danach durch einen Kaffeefilter gießen und Pflanzenrückstand gut auspressen. Mit dem destillierten Wasser mischen.

Petersilienkompresse

1 Sträußchen frische Petersilie
1 Tasse Wasser

Die Petersilie wird feinst gewiegt. Dann übergießt man sie mit dem kochenden Wasser. Man läßt zugedeckt zwei Stunden lang ziehen. Danach seiht man sie durch ein Flor- oder Batisttüchlein ab. Ist das Petersilienwasser erkaltet, benutzt man es zur Kompresse. Die Wirkstoffe der Petersilie sind bei unreiner Haut und Akne angezeigt. Außerdem beruhigt und läutert Petersilie die Haut.

Alkoholfreie Wasser und Lotionen

Zitronenwasser

30 ml Zitronensaft, frisch gepreßt
50 ml Orangenblütenwasser
100 ml destilliertes Wasser

Alle drei Flüssigkeiten in einem braunen Apothekerfläschchen zusammenschütteln. Durch seinen Säuregehalt und den angenehmen Duft belebt Zitronenwasser und stellt die Schutzfunktion des Säureschutzmantels angegriffener Haut allmählich wieder her. Es eignet sich auch zum Bleichen von Sommersprossen, wenn man es regelmäßig dreimal am Tag anwendet.

Huflattichblütenwasser

25 g Huflattichblüten
1/4 l destilliertes Wasser
20 ml Rosenwasser

Huflattichblüten in einem emaillierten Topf in dem Wasser aufkochen und zugedeckt erkalten lassen. Danach gießt man den Sud durch ein Haarsieb und mischt das Rosenwasser unter.
Huflattich war schon der großen Kräuterkundlerin Hildegard von Bingen gut bekannt. Dank ihrer besänftigenden Wirkung sind Huflattich und Blütenwasser auch für empfindliche Haut und als Kompressen für Gesicht und Hals sehr gut geeignet.

Kamillen-Rosen-Lotion

20 g Kamillenblüten
200 ml Wasser
30 ml Rosenwasser
20 ml Zitronensaft

Kamillenblüten 3 Minuten lang in dem Wasser kochen und den Tee zugedeckt erkalten lassen. Danach durch ein Haarsieb gießen und den Pflanzenrückstand fest auspressen. Den entstandenen Kamillentee mit Rosenwasser und Zitronensaft vermischen und in braune Apothekerfläschchen füllen. Die Wirkung ist seit Jahrhunderten bekannt.

Lavendel-Erfrischungsöl

30 g Lavendelblüten
10 g Johanniskrautblüten
20 g Kornblumen
200 ml Olivenöl
1/4 l Weißwein

Die zwei Blütenarten und die Kornblumen fein zerreiben, mischen und in einen Glasbehälter schlichten. Das Olivenöl wird mit Weißwein verquirlt und über die Kräuter gegossen. Vier Tage lang ziehen lassen. Danach in heißem Wasserbad unbedeckt erhitzen, wobei man öfters umrühren muß. Nach 10 Minuten durch einen Kaffeefilter gießen. Pflanzenrückstände gut ausdrücken. In braune Apothekerfläschchen abfüllen und vor Licht geschützt aufbewahren. Der feine Duft des Öles erfrischt nachhaltig. Man benutzt es an heißen Tagen auch für die Achselhöhlen und an den Schläfen.

Allantoin-Tonic

35 g Beinwurz
200 ml Wasser
20 g Bienenhonig

Beinwurz in einer Pfeffermühle feinreiben. Dann kocht man es in einem emaillierten Topf in dem Wasser auf und läßt es 25 Minuten leise kochen. Danach erkalten lassen und durch einen Kaffeefilter seihen. Den schleimigen Pflanzenrückstand gut auspressen. Mit dem Bienenhonig kräftig durchschütteln und in braune Apothekerfläschchen abfüllen.

Malvenkompresse

1 Beutelchen Malventee
1 Eßlöffel Bienenhonig

1 Beutelchen Malventee wird mit einer Tasse kochendem Wasser übergossen. Man läßt ihn etwas ziehen. Noch vor dem Erkalten wird der Bienenhonig untergerührt.
Mit dem Malventee wird ein Leinen- oder Flortüchlein getränkt und auf die vorher gereinigte Haut von Gesicht, Hals und Dekolleté gelegt. 25 bis 30 Minuten entspannt einwirken lassen.

Emollin à l' Imperatrice

Das Rezept der Emollin à l' Imperatrice stammt von Kaiserin Eugénie von Frankreich und wurde zur Gesichts- und Hautreinigung viel verwendet.

Lanolin
50 g destilliertes Wasser
10 g Glyzerin
5 g Alkohol, 70%
20 g Rosenwasser

Kaiserin Éugenie als Amazone, Lithographie

Apfel-Zitronen-Lotion nach Dr. Aberle

1 säuerlicher Apfel
2 EL Zitronensaft
50 g Orangenblütenwasser

Der gereinigte Apfel wird mit der Schale gerieben, der Brei durch ein dünnes Flortuch oder Haarsieb gepreßt. Den Zitronensaft beifügen und mit dem Orangenblütenwasser auffüllen.
In braunen Apothekerfläschchen kühl aufheben.
Besonders wirksam bei unreinem Teint, Sommersprossen, verfärbten Händen und Altersflecken. Regelmäßig auftupfen und einziehen lassen. Nicht abwaschen!

Brunnenkresse-Honigwasser

1 TL Bienenhonig
3 EL Brunnenkressesaft
1 TL destilliertes Wasser

Die Brunnenkresse enthält u.a. schwefelhaltiges ätherisches Öl und Vitamin C. Dadurch eignet sie sich zur Behandlung von Hautverfärbungen.
Die Zutaten werden miteinander vermischt. Man streicht sie auf die verfärbten Hautstellen, wie zum Beispiel Altersflecken auf den Händen, läßt sie ein bis zwei Stunden wirken und nimmt das Brunnenkresse-Honigwasser dann mit frischer Milch ab.

Hamamelis-Wasser Charlotte

50 g Hamamelisblätter und -rinde, zerkleinert
3/4 l Apfel- oder Gärungsessig
1 l destilliertes Wasser

Die Hamamelisblätter und -rinde werden in einer bauchigen Flasche mit dem Essig übergossen. Gut verschlossen ca. drei Wochen ziehen lassen.
Durchfiltern, destilliertes Wasser dazu und in braunen Apothekerflaschen kühl aufbewahren.
Hamamelis regt alle Hautfunktionen an, wirkt zusammenziehend und erfrischend. Dieses Hamamelis-Wasser ist wirksam auch gegen Erschlaffung, große Poren und schlechte Hautfarbe.
Diese Rezeptur wurde durch Charlotte von Mexiko bei Hof eingeführt.

Honig-Hamamelis-Lotion

1/4 l Hamamelis-Wasser
1 EL Bienenhonig

Beide Zutaten werden in braunen Apothekerfläschchen gut zusammengeschüttelt. Man hebt sie verschlossen und kühl auf.
Hamamelis oder „Virginischer Zauberstrauch“ hat entzündungshemmende, zusammenziehende Wirkung. Diese wird verstärkt durch den Bienenhonigzusatz.

Rosenessig nach Diane de Poitiers

100 g rote, duftende Rosenblätter, frisch gepflückt
200 ml Apfelessig
100 ml destilliertes Wasser

Die duftenden Rosenblätter in einem bauchigen Kristallflacon oder einer Glasflasche aufeinanderschichten. Den Apfelessig übergießen. Zwei Tage ziehen lassen, wobei der Flacon fest geschlossen sein muß. Danach die Blätter abfiltern und gut auspressen. Destilliertes Wasser zusetzen.
Die wunderschöne Diane, zu deren Anbetern zwei französische Könige zählten, pflegte sich mit diesem Rosenessig bis ins hohe Alter. Als sie starb, schrieb ein Chronist: „...legte man Marmor zu Marmor!" Sie war zeitlos schön geblieben.

Veilchenessig

30 g Veilchenblüten, frisch gepflückt
1/4 l Apfelessig
100 ml destilliertes Wasser
10 g Veilchenwurzelpulver

Die Veilchenblüten in eine bauchige Flasche schichten, den Apfelessig übergießen. Fest verschließen und zwei Tage ziehen lassen. Danach durch ein Haarsieb filtrieren und die Blüten mit einem Holzlöffel auspressen. Etwas von dem destillierten Wasser wegnehmen und darin das Veilchenwurzelpulver glatt anrühren. Zu dem destillierten Wasser gießen und alles miteinander kräftig schütteln.
Sisis Lieblingsessenz!

Arnikablütenessig

30 g Arnikablüten
100 ml Apfelessig
150 ml destilliertes Wasser

Arnikablüten in eine weitbauchige Flasche schichten und Apfelessig darübergießen. Fest verschließen und mindestens zwei Tage lang ziehen lassen. Danach durch ein Haarsieb gießen, wobei die Blütenrückstände noch ausgepreßt werden. Das destillierte Wasser zugießen. Gut schütteln.

Efeu-Schönheitsessig Immaculata

70 g Efeublätter, frisch gepflückt
100 g Apfelessig
100 ml Rosenwasser

Frische Efeublätter in eine bauchige Flasche schichten und Apfelessig daraufgießen. Gut verkorkt läßt man das Gemisch drei Tage lang ziehen. Danach filtert man es ab, drückt die Blätter mit einem Holzlöffel gut aus und fügt das Rosenwasser hinzu.
Wenn Sie einen Schuß dieses Efeu-Schönheitsessigs in Ihr Badewasser geben, so wird das Bad zu einem besonders entspannenden Erlebnis. Auch zum Nachspülen nach der Kopfwäsche eignet sich dieser von der Erzherzogin Immaculata bevorzugte Essig sehr gut.

Lavendelessig à la Maintenon

50 g Lavendelblüten, getrocknet
100 ml Weinessig
200 ml Hamameliswasser
20 g Bienenhonig

Die Lavendelblüten werden etwas zerrieben und in eine bauchige Flasche gegeben. Man gießt den erhitzten Weinessig darüber (aber nicht kochendheiß, denn dann platzt die Flasche!). Man läßt das Gemisch gut verschlossen drei Tage lang an einem dunklen Ort ziehen. Dann filtert man es durch Kaffeefilterpapier. Man fügt das Hamameliswasser hinzu und rührt mit einem Holzlöffel den Bienenhonig unter.
Die schöne, intrigante Mätresse Ludwig XIV. regierte mehr als dreißig Jahre hindurch den König – und indirekt auch den Staat. Daß sie verstand, sich zu pflegen, beweist dieser köstliche Lavendelessig, ohne den die Maintenon niemals ihre Morgentoilette begann.

Rosenhonig-Gesichtswasser

20 g Bienenhonig

Alle Zutaten in weiter Flasche oder Flacon miteinander verschütteln und verschlossen aufheben.
Das Rosenhonig-Gesichtswasser kräftigt die Haut, durchblutet sie, wirkt straffend und klärend für alle

Fin-de-siècle-Darstellung der Kaiserin

Hauttypen. Sehr gut für die müde und reife Haut geeignet. Einige Tropfen auf den angefeuchteten Wattebausch geben und damit sanft die Haut abreiben.

100 g Rosenwasser
50 g Alkohol, 50%
1 EL Zitronensaft

Rosmarin-Adstringens (Ungarn-Wasser der Königin Isabella)

10 g Rosmarinöl
1/2 l verdünnter Weingeist, 70%
10 g Lavendelöl
150 g Orangenblütenwasser
10 g Pfefferminze, getrocknet
2 naturbelassene, ungespritzte Zitronenschalen

Die Zitronenschalen (ohne weißes Häutchen) in feinste Stifte schneiden. Das Rosmarinöl mit dem Weingeist mischen. Das Lavendelöl unter Rühren zugeben, ebenfalls die Pfefferminze. Dann die Zitronenschale und das Orangenblütenwasser. Alles in einer flachen Schale aufstellen, die mit Alufolie zugebunden wird. An warmem Ort ca. fünf Tage durchziehen lassen. Danach abfiltern, Pflanzenrückstand auspressen, dazugeben. In braunen Flaschen, gut verschlossen aufbewahren.
Wie sein Name sagt, ist dieses Wasser adstringierend. Es zieht große Poren zusammen, wirkt erfrischend, kühlend, normalisiert die fettige Haut.

Tonikum Gloriosa

20 g Salbeiblätter, feingeschnitten
10 g Fenchelsamen, gequetscht

Salbeiblätter, Fenchelsamen, Rosmarinblätter, Stiefmütterchen mit 50 g Alkohol übergießen. In einem Porzellan- oder Glasgefäß eine Nacht lang ziehen lassen. Danach den Wein- oder Gärungsessig übergießen. Gut durchrühren! Wieder eine Nacht lang ziehen lassen. Danach den restlichen Alkohol zugeben, auch das destillierte Wasser und das Orangenblütenwasser. Nochmals umrühren. Durch Filter-

tuch oder -papier gießen. Kräuterrückstand auspressen.
Gut verschlossen kühl aufheben.

10 g Rosmarinblätter mit Blüten, feingeschnitten
10 g Stiefmütterchen, feingeschnitten
150 g Alkohol, 95%
300 g Wein- oder Gärungsessig
200 g destilliertes Wasser
200 g Orangenblütenwasser

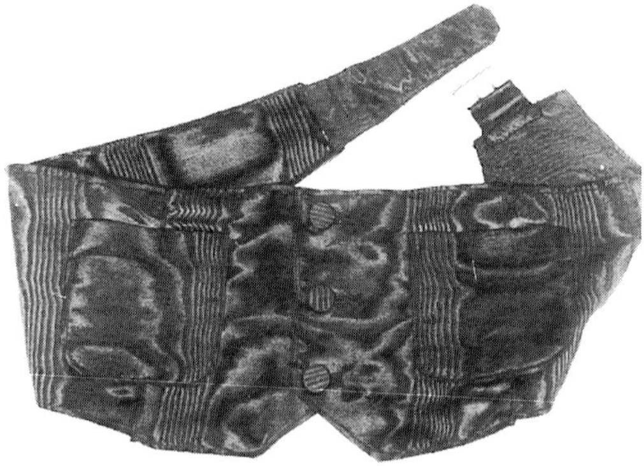

Schwarzer Gürtel der Kaiserin aus der Zeit nach 1879

Toilette-Essig

Toilette-Essig ist wieder in Mode gekommen, weil seine Säure den wichtigen Säuremantel der Haut stärkt bzw. wiederherstellt.
Alle Zutaten in bauchiger Karaffe aufeinanderschichten, mit dem Essig übergießen und luftdicht verschlossen etwa zwei Wochen in der Sonne ausziehen lassen. Danach abfiltern, Pflanzenrückstand auspressen. Destilliertes oder Rosenwasser dazugießen. Kühl und verschlossen aufheben.
Dieses Mittel stand auf Kronprinz Rudolfs Toilettetisch.

Aromatischer Toilette-Essig Rudolf

2 EL getrocknete Rosmarinblätter
2 EL getrockneter Salbei
2 EL getrocknete Lavendelblüten
1 TL zerkleinerte Gewürznelken
1/2 l Wein- oder Apfelessig
1/4 l destilliertes Wasser oder Rosenwasser

Rosenwasser-Lotion Isabella

100 g Rosenwasser
50 g Orangenblütenwasser
10 g Alkohol, 50%

Die Zutaten zusammenschütteln und in bräunlicher Flasche verschlossen und kühl aufheben.
Diese Lotion ist äußerst erfrischend. Sie kann auch zur Hautreinigung benutzt werden. Bei Unwohlsein und Migräne Nacken, Schläfen, Stirn damit betupfen.

Rosen-Zitronen-Lotion

2 Handvoll frische Rosenblätter (von Duftrosen)
1/4 l destilliertes Wasser
1 EL Zitronensaft

Das destillierte Wasser erwärmen, über die Rosenblätter gießen und diese zugedeckt an warmem Ort mindestens 36 Stunden ziehen lassen.
Dann durch Batisttüchlein oder Kaffeefilterpapier gießen und die Rosenblätter gut auspressen. Den Zitronensaft zufügen.
Gut verschlossen und kühl aufbewahren.
Ein paar Tropfen auf den angefeuchteten Wattebausch genügen, um die Haut nachhaltig zu erfrischen.

Duftstoffe

Duftpomander

1 fleischige, dickschalige Orange
50 Gewürznelken
10 g Zimtborke
10 g Sandelholz

Zimtborke, Sandelholz, Schwertlilienwurzel werden zerkleinert. Man schichtet sie in ein luftdicht verschließbares Glas und übergießt mit dem Alkohol. Die Mischung soll zwei bis drei Wochen ziehen.
Die Orange wird dicht mit den Gewürznelken besteckt.
Die fertige Duftmischung wird in eine kleine, hohe Schale gegossen. Nun legt man den Duftpomander

hinein und läßt ihn mehrere Tage unter öfterem Drehen darin liegen.
Danach hat er sich mit aromatischen Düften vollgesogen und wird frei ausgelegt.
Diese Art des Duftpomanders kommt aus dem England der viktorianischen Zeit. Der Duft ist anhaltender und aromatischer als von der einfachen Art.

10 g Schwertlilienwurzel
50 g Alkohol, 90%

Zimtparfüm Lola Montez

50 g Wodka, 80%
100 g destilliertes Wasser
25 g pulverisierte Zimtborke

Die pulverierte Zimtborke wird in einen Flacon oder ein Glas mit luftdichtem Verschluß gegeben. Dann gießt man den Wodka darauf. Das Gemisch muß etwa drei Wochen an dunklem Ort ausziehen.
Danach entfernt man die Zimtborke und übergießt den Wodka mit dem destillierten Wasser.
Der Duft ist sehr apart. Er eignet sich tropfenweise auch zum Parfümieren selbsthergestellter Kosmetika.

Nostalgischer Duftpomander

1 mittelgroße dickschalige Orange
50 Gewürznelken

Die frische Orange wird ganz dicht rundherum mit den Gewürznelken besteckt. Es darf kaum Platz zwischen den Gewürznelken übrig sein. Man legt die Orange frei im Zimmer hin, damit sie ihren aromatischen Duft entfaltet. Als „Pomander“ war diese Art von Luftverbesserer schon unseren Vorfahren bestens bekannt.

Darstellung mit wallendem Haar

Pasta amygdalata cosmetica

Mandeln bitter und süß aa 4 Unzen
Rosenwasser
weißen Honig 1 Unze,
Walratpulver, 2 Drachmen
Kampferpulver, 1/2 Drachme

Mandeln werden mit dem Zusatz einer hinreichenden Menge Rosenwasser zu einem zarten Teig angesetzt, dem man dann die übrigen Zutaten zusezt und genau vereiniget.

Erzherzogliche Toilettedose

Mandelcreme

50 g Lanolin
30 ml süßes Mandelöl
20 ml Rosenwasser

Mit einem Holzspachtel Lanolin und süßes Mandelöl zusammenrühren und langsam Rosenwasser hinzufügen. In einem Cremedöschen kühl aufbewahren. Süßes Mandelöl ist eines der wertvollsten Pflegemittel in der Kosmetik. Schon die Damen der Antike wußten die Milde und den zarten Duft dieses Öles zu schätzen. Diese Creme wirkt glättend auch bei rauhen, aufgesprungenen Händen und einer strapazierten Winterhaut.

Hamameliscreme

30 ml Hamameliswasser
70 g Lanolin
30 ml süßes Mandelöl

Hamameliswasser mit Lanolin verrühren und dann süßes Mandelöl hinzufügen.
Hamamelis, auch „Zaubernuß" genannt, war immer beliebt wegen seiner ausgleichenden, regenerierenden Eigenschaften. Zusammen mit sanft pflegendem Mandelöl stellt es die optimale Pflege für die empfindliche, reife Haut dar. Auch trockene Haut ist dankbar für regelmäßige Anwendung von Hamamelis und Mandelöl.

Weiße Iriscreme

40 g Iriswurzelpulver
40 ml Rosenwasser
30 ml Traubenkernöl
40 g Lanolin

Iriswurzelpulver mit in heißem Wasserbad erhitztem Rosenwasser glattrühren. Das Traubenkernöl mit dem Lanolin vermischen und untermengen.

Pflege- und Nährcremes

Klassische Crème Céleste

25 g weißes Wachs
50 g Walrat
50 g süßes Mandelöl
40 g Rosenwasser

In einer Porzellanschale werden im heißen Wasserbad das weiße Wachs, das Walrat und das süße Mandelöl zusammengeschmolzen. Das Rosenwasser wird separat erwärmt und unter gleichmäßigem Rühren zu der noch warmen Fettschmelze gegeben.
Crème Céleste kannten schon Sisis Urgroßmütter. Sie ist die klassische Schönheitscreme, die die Haut reichlich mit Fett versorgt, nährt und pflegt.
Mit Crème Céleste kann man rauhe, rote Hände behandeln, indem man sie abends reichlich damit ein-

reibt, helle Baumwollhandschuhe überzieht und bis zum Morgen einwirken läßt.

Lilienmilch Madame La Reine

2 Lilienzwiebeln
1 Tasse Wasser
30 g Lanolin
10 g weiße Toiletteseife
25 g Glyzerin

Die Lilienzwiebeln werden von dem braunen Häutchen befreit. Man schneidet sie ganz fein und setzt sie in kaltem Wasser zum Feuer. Sie müssen kochen, bis sie ganz weich sind. Dann gibt man sie durch die Püriermaschine oder wiegt sie ganz fein.
Im heißen Wasserbad wird im hohen Plasiktopf das Lanolin geschmolzen. Man rührt es mit dem Glyzerin zusammen. Die weiße Toiletteseife wird fein geschnitten. Man übergießt sie mit dem – noch warmen – Wasser, in dem die Lilienzwiebeln gekocht wurden. Sie wird separat im heißen Wasserbad so lange unter Rühren erhitzt, bis sie sich auflöst. Noch warm gießt man sie zur Fettschmelze und rührt bis zum völligen Erkalten gut durch. Diese Lilienmilch ist als wunderbares Pflegemittel geschätzt.

Lilienmilch-Creme

2 Lilienzwiebeln abgekocht
1 Teelöffel Milchpulver
100 g Lanolin
2 TL Rosenwasser

Die gekochten Lilienzwiebeln werden ganz abgezogen und feinst gehackt oder püriert. Im heißen Wasserbad wird das Lanolin geschmolzen. Das Rosenwasser wird erwärmt und mit dem Milchpulver klümpchenfrei verrührt. Man gibt es zur Lanolinschmelze. Unter weiterem Rühren folgt nun das Lilienmus. Die Creme muß unbedingt bis zum völligen Erkalten gerührt werden.
Lilienmilch-Creme ist uralt. Schon im Altertum war ihre verschönernde Wirkung bei den Damen berühmt. Sie pflegt, nährt und klärt die Haut in hervorragender Weise.

Köstliche Mandel-Ei-Creme

50 g Lanolin
20 g Weizenkeimöl
15 g Mandelmus
1 frisches Eigelb
1 KL Rosenwasser

Das Lanolin wird mit dem Weizenkeimöl im heißen Wasserbad zusammengeschmolzen. Man nimmt die Fettschmelze vom Feuer. Es folgen langsam, unter ständigem Rühren das Mandelmus und das Eigelb. Vorsicht, daß es nicht gerinnt! Zuletzt wird das Rosenwasser, das separat erwärmt wurde, beigegeben.
Die Mandel-Ei-Creme wird in ein Porzellantöpfchen gefüllt, sie bleibt gut verschlossen. Haltbarkeitsdauer: ca. fünf Tage.
Diese inhaltsreiche Creme nährt und pflegt die strapazierte Haut von Gesicht, Hals, Dekolleté, Händen, Armen, Brust etc. nachhaltig. Rote, spröde, rissige Hände sind besonders dankbar für die Behandlung mit dieser Creme. Man reibt sie über Nacht damit ein, zieht leichte Baumwollhandschuhe über und läßt die Creme dadurch tief einwirken.

Mandel-Zitronen-Creme „Stéphanie"

10 g weißes Wachs
10 g Walrat
60 g süßes Mandelöl
15 g frischer Zitronensaft

Wachs und Walrat werden im heißen Wasserbad im hohen Plastiktopf zusammengescholzen. Unter ständigem Rühren gibt man das süße Mandelöl langsam hinzu. Man nimmt die Fettschmelze vom Feuer und rührt sie bis zum Erkalten. Kurz vorher gibt man den Zitronensaft zu.
Mandelöl ist das „klassische" Öl für die Herstellung erstklassiger Hautpflegepräparate. Es gilt als das beste Öl zur Erzeugung von wertvollen Kosmetika.
In der Zusammensetzung nährt und klärt es den Teint.

Im praktischen Sportkleid mit Lieblingshund „Shadow"

Rosencreme

25 frische duftende Rosenblätter
1/8 l destilliertes Wasser
50 g Lanolin
20 g frische ungesalzene Butter

Das destillierte Wasser wird erhitzt und über die in eine Schale geschichteten Rosenblätter gegossen. Man läßt sie zwei Stunden lang ausziehen. Hat sich das Wasser schön rötlich gefärbt, erhitzt man es nochmals mitsamt den Rosenblättern. Dann nimmt man sie heraus. Lanolin und Butter werden unter Rühren im heißen Wasserbad zusammengeschmolzen. Dann gibt man das noch warme Rosenwasser hinzu. Es stellt sich eine ganz sanfte Rotfärbung ein. Die Creme wird noch warm in Porzellantöpfchen gefüllt und kühl gestellt.
Die Wirkstoffe der Rosen wirken nährend, glättend, kühlend und pflegend. Diese Rosencreme bildet zugleich eine biologisch hochwirksame Antifaltencreme.

Spinat-Turgorcreme

50 g Benzoeschmalz
10 g Walrat
1 EL Spinatsaft frisch
1 EL Rosenwasser

Benzoeschmalz und Walrat werden im heißen Wasserbad zusammengeschmolzen. Ist die Fettschmelze etwas abgekühlt, kommt der erwärmte Spinatsaft zusammen mit dem Rosenwasser hinzu. Es wird bis zum Erkalten gut gerührt. Die Spinat-Turgorcreme wird, im Porzellantöpfchen verschlossen, kühl aufbewahrt.
Spinat enthält in reichem Maße das Karotin, die Vorstufe des Vitamin A. Außerdem die Vitamine B_1, B_2, C und reichlich Vitamin E. Rezeptur der Amalie Hohenester.

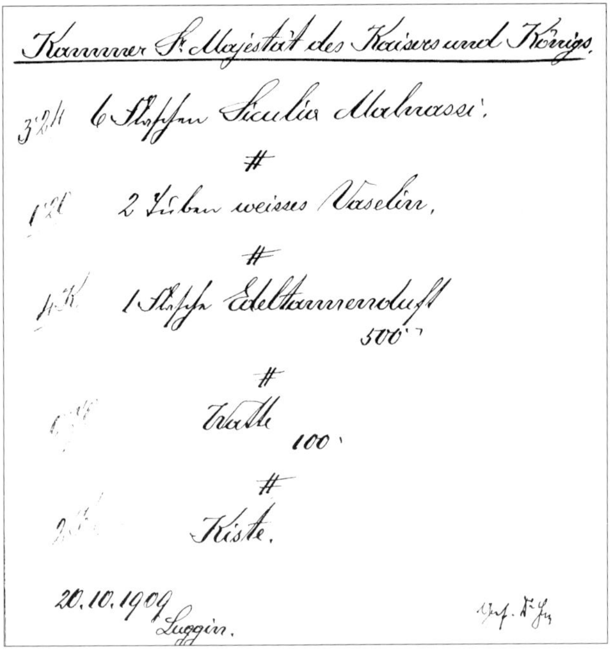
Kammer Sr. Majestät des Kaisers und Königs

6 Flaschen Sicilia Malvasia.

#

2 Tuben weisses Vaselin.

#

1 Flasche Edeltannenduft
500

#

Watte
100

#

Kiste.

20.10.1909 Luggin.

Edeltannenduft für den Kaiser, Verschreibung aus dem Jahr 1909

Weizenkeimbalsam mit Honig

50 g Weizenkeimöl
50 g Lanolin
75 g Hamameliswasser
20 g Bienenhonig

Das Lanolin wird im heißen Wasserbad im hohen Plastiktopf mit dem Weizenkeimöl zusammengeschmolzen. Man nimmt vom Feuer und rührt, bis die Fettschmelze nur noch warm ist. Dann wird der Bienenhonig vorsichtig untergerührt. Zum Schluß folgt das Hamameliswasser, das separat im Wasserbad erwärmt wurde.

Der Weizenkeimbalsam ist eine hochwertige Nähr- und Pflegecreme. Er muß, gut verschlossen, kühl aufbewahrt werden.

Zutaten vermischen und in einem Porzellangefäß unter ständigem Rühren abkühlen lassen, bis die Masse geliert.
Eine Pflegecreme für die Hände.

Unguentum Glycerini

50 g Amyli Tritici (Weizenstärke)
60 g Glyzerin

Creme Simon Dr. Hebra

25 g weißes Wachs
5 g Walrat
17,5 g Mandelöl, süß
40 g Rosenwasser
12,5 g Lanolin wasserfrei

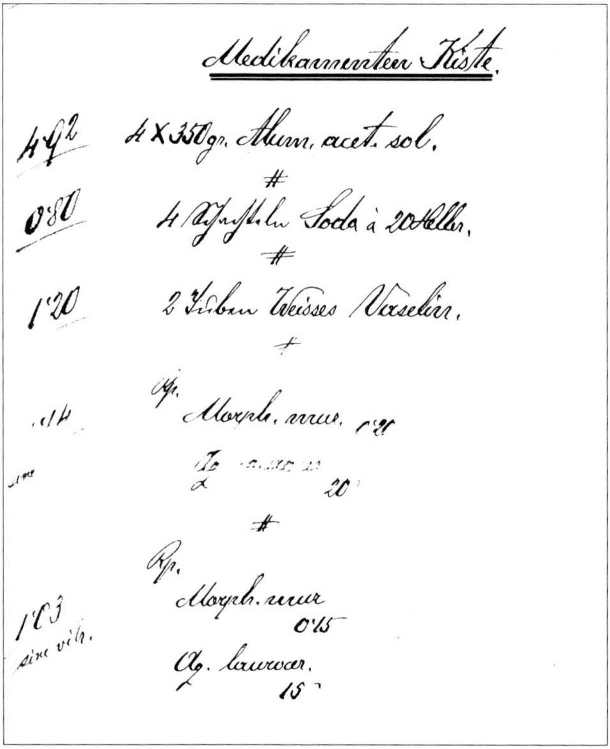
Medikamenten Kiste.
4 X 350 gr. Alum. acet. sol.
4 Schachteln Soda à 20 Heller.
2 Tuben Weisses Vaselin.

Rezeptverschreibung der Hofapotheke

Cremes für sensible, trockene Haut

Zuerst werden Lanolin, süßes Mandelöl und Walrat im heißen Wasserbad zusammengeschmolzen. Das Rosenwasser wird separat erwärmt und langsam mit dem Milchpulver verrührt. Dann wird unter ständigem Rühren dieses Gemisch zu einer Fettschmelze gegeben.

Feine Aprikosennährcreme

50 g Lanolin
35 g süßes Mandelöl

Farblithographie

Die Aprikosen werden enthäutet, entkernt, geviertelt und durch die Fruchtpresse gequetscht oder ganz einfach zerstampft. Dann rührt man sie in kleinen Portionen unter die Creme.

10 g Walrat
10 g Milchpulver
100 g Rosenwasser
2 sehr reife Aprikosen

Aprikosen sind reich an Vitaminen A, B_1, B_2 und C. Sie schenken der trockenen, reifen Haut die Fähigkeit zurück, Feuchtigkeit zu binden. Sie wirken auf die Haut nährend und festigend. Ihre Vitalstoffe verjüngen sie bis in die tieferen Schichten.
Aprikosennährcreme wird am besten abends auf die gereinigte Haut von Gesicht, Hals und Dekolleté aufgetragen, um ihre Wirkung während der Nachtruhe zu entfalten. Sie ist auch bei angegriffenen Händen zu empfehlen.

Baldrian-Hautcreme

10 g Baldrianwurzel
1/2 Tasse Wasser
30 g Lanolin
10 g Walrat
25 g süßes Mandelöl
10 g Milchpulver

Die zerkleinerte Baldrianwurzel wird mit dem Wasser kalt zum Feuer gestellt. Sie muß zehn Minuten sprudelnd kochen. Danach werden die Pflanzenrückstände fest ausgepreßt, so daß sich etwa 1–2 Eßlöffel Baldrianextrakt ergeben.
Das Lanolin wird mit dem Walrat im heißen Wasserbad zusammengeschmolzen. Unter ständigem Rühren setzt man langsam das süße Mandelöl hinzu. Der erwärmte Baldrianextrakt kommt zu der Fettschmelze. Es wird bis zum völligen Erkalten weitergerührt. Das Milchpulver folgt zum Abschluß. Es muß gut untergerührt werden.
Die beruhigende Wirkung des Baldrian prädestiniert diese Creme zur Pflege der nervösen, überempfindlichen Haut. Irritationen, Rötungen, geplatzte Äderchen.

Crème à Miel „Reine Claude"

50 g Benzoeschmalz
20 g Bienenhonig
2 Tropfen Veilchenparfüm

Von Dr. Widerhofer für die Kindskammer empfohlen.

Hofarzt Prof. Dr. Hermann Widerhofer

Einfache Coldcreme

50 g weißes Wachs
75 g Walrat
100 g süßes Mandelöl
50 g Rosenwasser

Im Plastiktopf oder Porzellangefäß werden im heißen Wasserbad über dem Feuer das weiße Wachs, das Walrat und das süße Mandelöl zusammengeschmolzen, wobei ständig gerührt werden muß. Danach wird bis zum Erkalten weitergerührt. Das Rosenwasser wird separat etwas erwärmt und langsam zu der Fettschmelze gegeben. Auch dies geschieht unter gutem Rühren.
Man füllt die Creme in ein Porzellantöpfchen und hebt sie verschlossen auf.
Dies ist eine klassische Pflegecreme, die durch ihren Gehalt an Ölen und Fetten die Haut glatt und weich, elastisch und geschmeidig erhält.
Coldcreme ist auch für die reizbare, empfindliche Haut bestens geeignet.

Topfenmaske für müde Haut

3 EL Topfen
1 Eigelb
1 EL Honig
1 TL Zitronensaft
Milch

Alle Zutaten in der angegebenen Reihenfolge zu einer homogenen Masse verrühren. Messerrückendick auf die gereinigte Haut auftragen. 20 bis 30 Minuten einwirken lassen. Mit einem milchgetränkten Wattebausch entfernen. Gesicht, Hals und Dekolleté mit kaltem Wasser abduschen, anschließend eine beruhigende Creme auftragen.
Diese Maske ist eine Wohltat für die im Winter grau und schlaff gewordene Haut.

Topfen-Honig-Packung

2 EL Topfen
1 EL Bienenhonig
einige Tropfen süßes Mandelöl (bei sehr trockener Haut)

Topfen mit Honig und evtl. Mandelöl verrühren. 30 Minuten auf Gesicht, Hals und Dekolleté einwirken lassen.
Die Packung wirkt erfrischend und glättend bei trockener und spröder Haut.

Schwedische Schönheitspackung

3 EL Topfen
1 EL Obers
1 EL Bienenhonig

Topfen mit Obers und Honig verrühren, auf Gesicht, Hals und Dekolleté streichen und 30 Minuten einwirken lassen.
Die Packung wirkt reinigend und glättend und wird von jeder Haut gut vertragen.

Honig-Gelee-Straffungsmaske

3,5 g Gelatine-pulver
30 g Rosenwasser
20 g destilliertes Wasser
15 g Bienenhonig

Gelatine mit einem Drittel des Rosenwassers übergießen und quellen lassen, das restliche Rosenwasser zugeben und im Wasserbad erwärmen, bis die Mischung sich verflüssigt. Destilliertes Wasser und Honig verrühren, ebenfalls leicht erwärmen. Die Mischungen zusammenrühren und gelieren lassen. Sobald die Mischung fest wird, dünn auf Hals und Gesicht streichen, nach 30 Minuten mit warmem Wasser abspülen, kalt nachwaschen.
Die Herstellung dieser Maske ist etwas umständlich, die angegebenen Mengen sind deshalb für mehrmaligen Gebrauch gedacht. Die Mischung kühl lagern und vor Gebrauch im Wasserbad leicht erwärmen. Sie ist gut verträglich für jede Haut.

Honig-Mandel-Maske

2 EL Mandel-kleie
1 TL Bienen-honig
1 EL Obers
1 Eigelb

Alle Zutaten vorsichtig zu einer cremigen Masse rühren. Mit einem Spatel oder Pinsel auf die gereinigte Haut von Gesicht, Hals und Dekolleté auftragen und mindestens 20 Minuten einwirken lassen. Mit warmem Wasser oder Lindenblütentee abwaschen.
Die Maske wirkt nährend und glättend, außerdem auch beruhigend und besäftigend bei rauher, fleckiger, irritierter Haut.

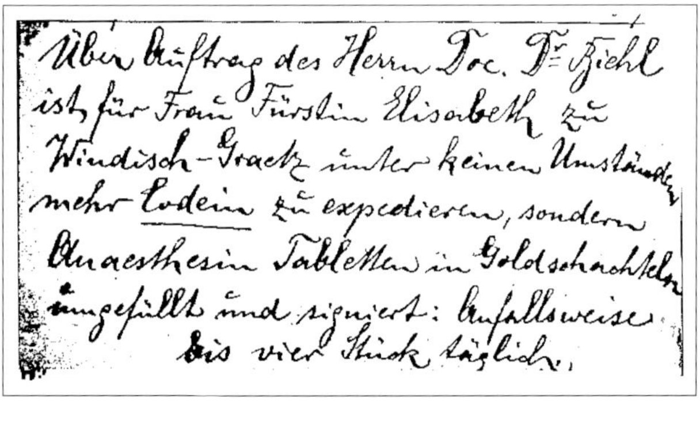
Über Auftrag des Herrn Doc. Dr. Ziehl ist für Frau Fürstin Elisabeth zu Windisch-Graetz unter keinen Umständen mehr Codein zu expedieren, sondern Anaesthesin Tabletten in Goldschachteln umgefüllt und signiert: Anfallsweise bis vier Stück täglich.

Der Medikamentenmißbrauch am Hof führte schließlich zu rigorosen Maßnahmen der Ärzte

Darstellung im Profil

Honig-Eiweiß-Maske à l'Imperatice

1 Eiweiß
3 EL Honig
ungebleichtes Weizenmehl

Eiweiß zu Schnee schlagen, Honig unterrühren und mit ungebleichtem Weizenmehl zu einem Brei rühren. 30 Minuten auf Gesicht und Hals einwirken lassen, mit kaltem Wasser abspülen.
Die Maske wirkt klärend und straffend.

Alkoholkompresse

100 g cremiger Honig
25 g reiner Alkohol
25 g destilliertes Wasser
Mandelöl

Honig, Alkohol und Wasser verrühren, auf die gereinigte, mit dem Mandelöl eingeriebene Haut auftragen. Dazu nimmt man am besten einen Pinsel. 20 Minuten einwirken lassen, dann mit lauwarmem Wasser abnehmen. Anschließend Gesichtswasser anwenden.

Honig-Glyzerin-Maske Julie

25 g Glyzerin
10 g süßes Mandelöl
35 g Rosenwasser
25 g Honig

Im heißen Wasserbad Glyzerin und Mandelöl zusammenrühren. Rosenwasser erwärmen, Honig darin auflösen und die Flüssigkeit noch warm mit der Fettschmelze vermischen. Auftragen und 20 Minuten einwirken lassen. Danach mit kaltem Wasser abnehmen und eine leichte Creme auftragen.
Diese von der Baronin Julie Rothschildt stammende Maske ist besonders zu empfehlen, wenn man nach einem anstrengenden Tag rasch wieder frisch aussehen will. Sie ist besonders für die reifere Haut gedacht.
Reste, in einem braunen Apothekerfläschchen aufgehoben, halten sich eine Weile.

Man bereitet aus den Zutaten eine streichfähige, cremeartige Masse. Nachdem man die Haut von Gesicht, Hals und Dekolleté gereinigt hat, wird der Cremepack in mehreren Schichten mit dem Kosmetikpinsel oder -spatel aufgetragen.
Der Cremepack muß mindestens 30 bis 40 Minuten, besser jedoch länger einwirken. Er wird mit lauwarmer Milch abgewaschen.
Die Wirkung ist durch den hohen Gehalt an Vitaminen A, B_1, B_2 und C sowie die nährenden und regenierenden Öle der Mandeln hervorragend. Der Cremepack nährt und beruhigt. Er ist speziell bei trockener, unterernährter, sehr reifer, leicht gereizter und nervöser Haut zu empfehlen.

Cremepack mit Mandelcreme

35 g Mandelmus
20 g süßes Mandelöl
1 Messerspitze Milchpulver
15 g Mandelkleie

Den Apfel feinreiben, Bienenhonig unterrühren und das Gemisch auf die gereinigte Haut von Gesicht, Hals und Dekolleté auftragen. Die Maske soll 25 Minuten einwirken. Mit lauwarmem Wasser abwaschen. Diese Maske erfrischt und nährt, stärkt und tonisiert.

Apfel-Bienenhonig-Maske

1 Apfel
1 EL Bienenhonig

Den Apfel waschen und mit der Schale auf einer feinen Glasreibe zu Brei reiben. Bienenhonig unterrühren und Hafermark zufügen. Die Haut reinigen und mit Mandel- oder Avocadoöl einreiben. Darauf die Maske auftragen. 30 Minuten einwirken lassen und mit lauwarmem Wasser abwaschen.
Sie wirkt vor allem bei trockener, fahler, unterernährter Haut sehr gut.

Apfel-Hafermark-Maske

1 Apfel
1 TL Bienenhonig
1 EL Hafermark
1 EL Mandel- oder Avocadoöl

Gurkenkompresse Ida

1/2 Salatgurke
1 EL Honig

Salatgurke schälen und raspeln. Den entstandenen Brei mit Honig verrühren und auf Gesicht, Hals und Dekolleté verteilen. Mit einem zarten Mulltuch abdecken und 30 Minuten einwirken lassen.
Wenn Sie diese Kompresse mit Mineralwasser abspülen, wirkt sie besonders erfrischend – im Sommer oder auch nach einer durchfeierten Nacht.

Himbeerkompresse

1 Handvoll frische Himbeeren
2 EL Obers (oder Rahm)
1 TL Honig

Himbeeren zerdrücken und mit Obers verrühren. Bienenhonig untermischen. Auf Gesicht und Hals auftragen, mit einer feuchten, warmen Kompresse abdecken und nach 20 Minuten mit lauwarmem Wasser abwaschen. Sie wirkt nährend und glättend bei trockener, empfindlicher Haut.

Eigelbmaske

1 Eigelb
1 TL Bienenhonig
einige Tropfen Olivenöl

Zutaten verquirlen, mit einem Pinsel auf Gesicht und Hals auftragen und 20 Minuten einwirken lassen, dann mit warmem Wasser abspülen.
Die Maske wirkt nährend und glättend bei trockener, empfindlicher Haut.

Honigbreimaske

2 EL Bienenhonig
2 EL Gersten-

Bienenhonig leicht erwärmen, mit Gerstenmehl und Eiweiß vermischen und auf Gesicht und Hals die noch warme Maske auftragen. 30 Minuten ziehen lassen, mit warmem Wasser abwaschen und kalt nachspülen.

Die Maske wirkt nährend und straffend. Sie ist als Straffung gegen Falten gut geeignet, sollte aber nicht zu oft angewendet werden.

mehl
1 Eiweiß

Masque Velours

50 g Weizenkeimöl
150 g weißer Ton (Bolus alba)
150 g Trockenmilchpulver

Nachdem man Ton und Trockenmilchpulver in einer Porzellanschale gemischt hat, wird die Mischung mit dem Weizenkeimöl gründlich verrieben.
Die Masque Velours wird in gut verschließbarer Porzellan- oder Glasdose aufgehoben.
Jeweils ein Eßlöffel fertiger Masque Velours wird mit warmem Wasser zu einem streichfähigen Brei verrührt und mit dem Pinsel auf die gereinigte Haut von Gesicht, Hals und Dekolleté aufgetragen.
Man läßt die Maske 15 Minuten einwirken und wäscht sie dann mit warmem Wasser ab.
Auch bei faltigem Handrücken ist diese Maske sehr wirksam. Sie wirkt besonders hautstraffend, durchblutungsfördernd, reinigend und klärend. Sie empfiehlt sich auch bei Akne und Eiterpusteln.

Weizekleiemaske à la Nofretete

3 EL Weizenkleie
1 EL Bienenhonig
1 Messerspitze Milchpulver
1 Messerspitze Agar-Agar
1/2 Tasse frische Milch

Weizenkleie und Milchpulver gut mischen, das Agar-Agar dazugeben, die Milch erhitzen und unterrühren. Zum Schluß den Bienenhonig beigeben.
Die Weizenkleiemaske auf die gereinigte Haut von Gesicht, Hals und Dekolleté etwa messerrückendick auftragen. Sie bleibt mindestens 40 Minuten liegen. Dann mit warmem Wasser abwaschen. Anschließend wird eine kalte Kompresse aufgelegt.
Diese Maske erweicht Hautunreinheiten wie Mitesser, Pickel, Pusteln.

Gemälde von Wilhelm Richter, 1876

Medaillon mit über der Brust verknotetem Haar

Heilerdemaske

1 EL Heilerde
1 EL warmes Wasser oder Rosenwasser

Beide Zutaten werden so angerührt, daß ein dünner Brei entsteht. Er wird mit feinem Pinsel auf die vorher gereinigte Haut von Gesicht, Hals und Dekolleté aufgetragen.
Die Heilerdemaske muß etwa 20 Minuten einwirken. Dann wäscht man sie mit lauwarmem Wasser ab.
Heilerde wirkt stark straffend und reinigend. Sie hilft wirksam gegen Akne, unreine, fettige Haut, gegen Mitesser, große Poren und erschlaffende Partien.

Honig-Fenchel-Maske Henriette

1 KL Fenchelsamen pulverisiert
1 KL Bienenhonig
1 KL warmes Wasser

Aus nebenstehenden Zutaten rührt man einen Brei an. Er wird auf Sommersprossen und braune Hautflecken aufgetragen. Man läßt ihn 15 Minuten einwirken. Danach wird er mit Wegwartetee oder handwarmer Milch abgewaschen.
Die Wirkung dieser Honig-Fenchel-Maske kann sich natürlich nur bei regelmäßiger Anwendung zeigen.
Rezept von Sisis Schwägerin Henriette.

Honig-Glyzerin-Verjüngungsmaske

20 g Bienenhonig
25 g Glyzerin
10 g süßes Mandelöl
35 g Rosenwasser

Im heißen Wasserbad werden Glyzerin und süßes Mandelöl zusammengerührt. Das Rosenwasser wird separat erwärmt, der Honig darin aufgelöst und beides noch warm mit der Fettschmelze vermischt.
In braunen Apothekerfläschchen wird die Honig-Glyzerin-Verjüngungsmaske aufgehoben.

Bienenhonig-Leinsamen-Maske „Gräfin Larisch“

2 EL gequetschter Leinsamen
1 EL Bienenhonig
3 EL warmes Wasser

Leinsamen und Wasser werden kurz aufgekocht, so daß sich eine gallertartige Masse bildet. Unter Rühren, kurz vor dem Erkalten, gibt man den Bienenhonig dazu.
Die Masse kann dann nochmals etwas erwärmt, jedoch nicht erhitzt werden. Sie wird auf die gereinigte Haut von Gesicht, Hals und Dekolleté gestrichen. Darüber kommt ein Stück Seidenpapier, das die Nasenöffnung frei läßt. Möglichst 35 Minuten bis eine Stunde wirken lassen. Danach mit Eibischtee oder warmem Wasser abwaschen.
Anschließend können eventuell vorhandene Mitesser vorsichtig zwischen Zellstofftüchern oder Wattebäuschen ausgedrückt werden.
Diese Maske erweicht Mitesser, Unreinheiten, sie wirkt kräftigend und festigend auf die Konturen, gibt fahler Haut frischere Farbe.

Bienenhonig-Mandel-Maske

2 EL Mandelkleie
1 TL Bienenhonig
1 EL Obers
1 Eigelb

Alle Zutaten werden vorsichtig zu einer cremigen Masse gerührt. Dann trägt man sie mit dem Spatel oder Kosmetikpinsel auf die vorher gereinigte Haut von Gesicht, Hals und Dekolleté auf.
Die Bienenhonig-Mandel-Maske soll mindestens 20 Minuten einwirken. Sie wird mit warmem Wasser oder Lindenblütentee abgewaschen.
Diese Maske wirkt nicht nur nährend und glättend, sondern auch beruhigend und besänftigend bei rauher, fleckiger, irritierter Haut.
Die Haferflocken rührt man in der Buttermilch an und läßt sie kurz aufquellen. Dann streicht man die Masse mit dem Spatel oder Pinsel auf die gereinigte Haut von Gesicht, Hals und Dekolleté.

Haferflocken-Buttermilch-Maske

2 EL feine Haferflocken
1/2 Tasse Buttermilch

Die Haferflocken-Buttermilch-Maske muß mindestens 30 Minuten bei entspannter Körperlage einwirken. Man wäscht sie mit Buttermilch ab.

Haferflocken enthalten wertvolle Eiweiß- und Fettstoffe, dazu Lezithin, Kohlehydrate, Vitamine und Mineralstoffe. Sie nähren die Haut und wirken aufbauend. Haferflocken eignen sich zur innerlichen wie äußerlichen Kosmetik hervorragend.

Haferflocken-Milch-Maske „Ida von Ferenczy"

1/2 Tasse Haferflocken, fein
1/2 Tasse Milch
2 EL Rosenwasser

Die feinen Haferflocken werden mit der Milch zu einem dicken Brei gekocht. Dann rührt man das Rosenwasser unter die erkaltende Masse. Noch warm wird die Haferflocken-Milch-Maske auf die gereinigte Haut von Gesicht, Hals und Dekolleté gestrichen. Die Maske soll 30 Minuten einwirken. Sie wird mit warmem Wasser abgenommen.

Diese Maske wirkt vorzüglich nährend, pflegend, glättend und straffend. Sie ist vor allem bei alternder, schlaffer, unterernährter und faltiger Haut geeignet.

Ida von Ferenczy

Shampoos

Haarshampoo Katharina de Medici

2 Eigelb
30 ml Cognac
1 Schuß Apfelessig

Eigelb und Cognac mit einer Holzkelle (kein Metall!) verrühren. Die Menge in zwei Portionen teilen. Haarboden und Haare mit warmem Wasser befeuchten, erste Portion verteilen, kräftig durchmassieren, bis in die Haarspitzen verteilen und mit warmem Wasser ausspülen.
Zweite Portion bis in die Haarspitzen hinein verteilen, die Kopfhaut kräftig durchmassieren, dann so lange ausspülen, bis die Haare völlig sauber sind und das Spülwasser klar bleibt. Danach einen Schuß Apfelessig in eine Kanne mit warmem Spülwasser geben und damit die Haare übergießen. Das zieht die aufgequollenen Haarschäfte zusammen und gibt einen schönen Glanz.

Pflegende Hennawäsche

1 Paket Henna, pflegend
20 ml frische Milch
1 Eigelb

Nichtfärbendes Henna mit Milch und Eigelb vermengen.
Die Masse auf Haare und Haarboden auftragen. 20 Minuten lang einwirken lassen. Danach so lange gut ausspülen, bis das Spülwasser klar bleibt.
Das indische Pflanzenmittel des Hennastrauches verhilft dem Haar zu Schönheit und gibt ihm neue Festigkeit. Henna ist auch als Farbe erhältlich.

Kaiserin Elisabeth im ungarischen Krönungskleid, Marmorrelief von Alois Riegele, Preßburger Elisabethkirche, 1913

Beinwellshampoo

20 g Beinwellwurzel, gehackt
100 ml destilliertes Wasser
2 Eigelb
20 ml Alkohol, 50%

Beinwellwurzel mit dem destillierten Wasser übergießen und 3 Stunden lang weichen lassen. Danach in einem emaillierten Topf, mit einem Holzlöffel rührend, dreimal aufkochen lassen. Zugedeckt erkalten lassen und durch ein Haarsieb filtern. Die beiden Eigelb und den Alkohol unterrühren.
Haare und Haarboden mit warmem Wasser befeuchten. Das Beinwellshampoo zur Hälfte darauf verteilen, kurz einwirken lassen, kräftig durchmassieren, die Haare bis in die Spitzen zwischen beiden Handflächen rubbeln. Danach gut ausspülen und den Rest auftragen, denselben Vorgang wiederholen und so lange mit warmem Wasser spülen, bis dieses klar bleibt. Zuletzt kurz kalt durchspülen.

Weizenkeim-Honig-Shampoo Isabella

20 ml Weizenkeimöl
20 g Bienenhonig
100 g Seifenflocken
20 ml Alkohol, 50%

Weizenkeimöl mit dem Bienenhonig verrühren, Seifenflocken und zum Schluß Alkohol dazugeben. In einer bauchigen Flasche mit Verschluß nochmals sehr gut durchschütteln.
Für die Haarwäsche erst eine Portion in die hohle Hand nehmen, wenn das Haar mit warmem Wasser angefeuchtet ist. Zweimal durchwaschen, danach spülen, bis das Wasser klar bleibt.
Dieses Shampoo ist eine hervorragende Haarpflege, Reinigung und Pflege zugleich, durch die Vitamin-A-haltigen Substanzen des Weizenkeimes und die vitalisierenden Wirkstoffe des Bienenhonigs.

Rosmarin mit dem kochenden, destillierten Wasser überbrühen und zugedeckt erkalten lassen. Danach durchfiltern. Mit Rosenwasser, Glyzerin und Rum vermischen. In einer bauchigen Flasche verschlossen aufheben.
Das Saponin im Rosmarin, eine organische seifenartige Verbindung, die ätherischen Öle und die Gerbsäure stärken und reinigen Haare und Haarboden. Rum wurde schon früher gern zur Haarpflege verwendet.

Rosmarinshampoo

20 g Rosmarin
80 ml destilliertes Wasser
40 ml Rosenwasser
15 ml Glyzerin
20 ml Rum

Kristall-Brillantine nach Sennhofer
(Friseur S. J. Kaiser Franz Joseph)

500 g Rizinusöl, 1. Pressung
300 g Mandelöl süß
200 g Walrat
3 g Essence absolue de Lavande

Stangenpomade

1000 g Rindertalg, konserviert
140 g helles Harz
3 g Rosenöl
1 g Geraniumöl
0,5 g Vanillin
60 g Terra di Siena

100 g Kakaobutter
100 g Bienenwachs, naturgebleicht

Blütenpomade für seine Majestät nach Sennhofer

85 g Pommade d'Enfleurage Rose
10 g Pommade d'Enfleurage Jasmin
5 g Pommade d'Enfleurage Fleur d'Oranger
300 g Rindermarkfett, konserviert
400 g Schweineschmalz (Adeps suillus), konserviert

Trocken-Haarwäsche

Für die trockene Haarwäsche „zwischendurch" verwendet man ebenfalls ein garantiert unschädliches Arnika-Trockenshampoo.

125 g Reisstärkepuder
25 g pulverisierte Kieselsäure
10 g pulverisierter Borax
10 g Arnikablütentinktur

Alle Zutaten werden unter Rühren gut miteinander verrieben und durch ein Haarsieb geschüttelt.
Man bewahrt das Trockenshampoo in Puderschachteln oder Siebdosen auf, die einen dicht schließenden Deckel haben. Es ist vor Feuchtigkeit zu schützen.

Natürliche Haarfärbung

Kamille, Römische: für blonde Haare; Zitrone: für blonde Haare; Zwiebelschalen (Küchenzwiebel): für braunes Haar; Teeblätter, echte: für dunkelbraunes Haar; Nußschalen, grüne: für mittel- bis dunkelbraunes Haar; Walnußblätter: für dunkelbraunes Haar; Henna, schwarzfärbend, mit Türkischen Galläpfeln; gemischt: für schwarze Haare

Haartracht im Stile der Kaiserin

Die Dunkeltönung
(4 Rezepte)

Die trockenen, bräunlichen Zwiebelschalen werden mit dem kalten Wasser zum Feuer gesetzt und fünf Minuten lang gekocht. Danach abseihen. Zu dem erhaltenen braunen Absud gibt man – wenn gewünscht – einen Tropfen beliebiges Öl zur Geruchsverbesserung.
Täglich zwei- bis dreimal die Haare mit dem Absud einreiben und lufttrocknen lasen, bis die gewünschte Tönung erreicht ist.
Die Tönung muß immer wieder vorgenommen werden, sie hält nur bis zur nächsten Haarwäsche vor.

50 g Zwiebelschalen, äußere
1 Tasse Wasser

Dasselbe kann man mit echtem Tee machen: Etwa fünf Minuten kochen lassen. Bis zum Erkalten zugedeckt stehenlassen. Abgießen und wie oben verfahren.

5 g echter Tee
1/2 Tasse Wasser

Man kocht die Efeu- und Walnußblätter in dem Wasser fünf Minuten lang. Abgießen und in braunen Apothekerfläschchen kühl aufheben. Wie oben verfahren.
Aus frischen grünen Walnußschalen, pulverisiert, wurde früher ein Absud hergestellt, mit dem man dieselben Wirkungen erzielt. Da es dieses Pulver heute nicht mehr gibt, kann man sich die grünen Walnußschalen nur selber zerkleinern und in einer Mandel- oder Schrotmühle fein mahlen. Auf 20 g dieses gewonnenen Pulvers kommt eine Tasse Wasser. Zubereitung wie oben.

20 g frische Efeublätter
50 g pulverisierte Walnußblätter
1 Tasse Wasser

Elisabeth zu Pferde

Blonde Haare aufhellen

Mit neutralem Shampoo waschen und trocknen. Saft einer halben Zitrone gut in das Haar einreiben. 30 Minuten wirken lassen. Dann ausspülen.

Kamillenblondierung Marie Elisabeth

200 g Römische Kamillen-Blüten
1 l Wasser
1/2 Zitrone

Man läßt die Kamillenblüten im Wasser 15 Minuten kochen. Zugedeckt abkühlen lassen und durchseihen. Dann fügt man den Saft einer halben Zitrone hinzu und mischt gut.
Die Haare werden mit normalem Shampoo gewaschen und getrocknet. Dann gießt man die Flüssigkeit darüber und reibt sie gut in die Haare ein. Am erfolgreichsten ist es, wenn man die Haare danach an der Sonne trocknen läßt.

Brunnenkresse-Haarbalsam

40 g Brunnenkresse, frisch gepreßt
10 g Meerrettich, frisch gepreßt
60 g Unguentum Emolliens
1 EL Olivenöl

Brunnenkressesaft und Meerrettichsaft mischen und mit Unguentum Emolliens verrühren. Olivenöl tropfenweise zufügen. Alles zusammen zu einer geschmeidigen Creme rühren. Täglich abends den Haarboden mit diesem Balsam massieren.

Von der Kaiserin inspirierte offene Haarpracht

Zwiebel-Haartinktur Sennhofer

1 dicke Zwiebel, enthäutet
100 g Alkohol, 50%

Die Zwiebel wird fein gehackt. Man gibt sie in eine Flasche und gießt den Alkohol darüber. Die Mischung muß gut verschlossen vier bis fünf Wochen ziehen. Danach gießt man das gewonnene Präparat durch Kaffeefilterpapier.

Eidotterkur „Venezia“

1 Eigelb
1 EL Honig

Eigelb mit Honig verrühren, ins Haar massieren und einwirken lassen.

Ölpackung

Weizenkeim-, Rizinus-, Mandel-, Klettenwurzel- oder Olivenöl
1 EL Honig

Weizenkeim-, Rizinus-, Mandel-, Klettenwurzel- oder Olivenöl leicht erwärmen, mit Honig verrühren und auf Haar und Kopfhaut massieren.

Glanznährpackung Annunzitata

1/2 Tasse Oliven- oder Mandelöl
1/2 TL Lanolin

Öl und Lanolin im heißen Wasserbad zusammenschmelzen. Die getrockneten Kräuter zufügen und 1/2 Stunde im heißen Wasserbad ziehen lassen, dann durch ein feines Haarsieb streichen. Eigelb mit Honig und Zitronensaft verrühren, die Mischung in das etwas abgekühlte Kräuteröl geben. Die Packung ins Haar massieren und mindestens 1 Stunde einwirken lassen. Dann auswaschen, indem die Packung als erstes Shampoo verwendet wird. Bei der zweiten Wäsche ein mildes Shampoo benutzen.

1 TL Kamillenblüten
1 TL getrocknete Brennesseln
1 TL getrocknete Birkenblätter
1 Eigelb
1 EL Honig
etwas Zitronensaft

Honig-Haarwasser nach alten Rezepten

1/2 l destilliertes Wasser
2 EL Bienenhonig
1 TL Glyzerin

Man kann auch Leitungswasser zehn Minuten sprudelnd kochen lassen, anstelle von destilliertem Wasser aus der Apotheke. Die Zutaten werden durch Schütteln miteinander vermischt. Gut verschlossen, wird das Honig-Haarwasser am besten in braunen Apothekerflaschen aufgehoben.

Mildes Ei-Haarshampoo Dr. Hebra

100 g Grundseife, pulverisiert
15 g pulverisierte Kokosseife
25 g pulverisiertes Natron (Speisesoda)

Haare und Kopfhaut sollen auf milde, reizlose Art gründlich gereinigt werden. Haarwäsche und Haarpflege gehen dabei Hand in Hand. Hier ein natürliches Haarshampoo-Rezept, das je nach Länge des Haares vier bis acht Wäschen zuläßt. Die Zutaten erhalten wir in Drogerie oder Apotheke.
Die Zutaten zusammenschütteln, in Porzellan- oder Glasbehälter luftdicht verschließen, vor jedem Gebrauch gut schütteln.

10 g Volleipulver
1 Tropfen Parfüm
15 g pulverisierter Borax

Brennessel-Haarwasser

100 g Brennesselblätter, frisch oder getrocknet
50 g Wein- oder Apfelessig
150 g destilliertes Wasser

Gegen Haarausfall wandten schon unsere Urgroßmütter mit großem Erfolg die heilenden Kräfte der Brennessel an. Hier ein einfaches Rezept für ein Brennessel-Haarwasser, das die Haare zugleich weich, frisierbar und glänzend macht.
Man gibt die Brennesselblätter mit dem Wasser-Essig-Gemisch zusammen in einen emaillierten Topf. Das Gemisch wird ca. 20 Minuten sprudelnd gekocht. Man läßt es drei Stunden zugedeckt abkühlen und ziehen. Danach wird es durchgefiltert, wobei die Brennesselblätter noch ausgepreßt werden; das gewonnene Haarwasser wird in verschließbaren Flaschen aufbewahrt.

Brennessel-Zitronen-Haarwasser

1 Handvoll grüne Brennesselblätter
1/4 l Wasser
1/4 l Essig
Saft einer halben Zitrone

Schönheit verlangt nach ständiger Pflege! Auch die Schönheit der Haare. Hier das Rezept für ein Haarwasser, das pflegt, erfrischt und gewisse Haarmängel allmählich behebt.
Die grünen Brennesselblätter werden zerkleinert, mit dem Wasser-Essig-Gemisch ca. 20 Minuten sprudelnd kochen lassen. Nach dem Erkalten durch ein Leinentuch gießen, Pflanzenrückstand gut auspressen. Man füllt das erkaltete Haarwasser in braune Apothekerflaschen und verschließt fest.

Einfache und Doppel-Damen-Coques-Hälter,
„zur Elisabethen-Frisur,“
welche zum Selbstfrisiren, oder zum Frisirenlassen unentbehrlich sind, es bleibt das Haar gänzlich vom dem lästigen Tappiren verschont; sie gewinnen an Facon und Haltbarkeit, da sie nicht verdrückt werden können, und an Leichtigkeit und Bequemlichkeit allen Anforderungen vollkommen entsprechen, und in großer Auswahl zu haben sind bei
Franz Wieninger,
13556 bürgerl. Herrn- und Damen-Friseur, Stadt, Rothgasse 593. 1

Biologisches Kräuter-Haarwasser

10 g Schachtelhalm
10 g Dost
10 g Kleeblüten
10 g Klettenwurzeln
1/4 l Alkohol, 95%
1/4 l Orangenblütenwasser

Die zerkleinerten Pflanzenteile miteinander mischen, in brauner Flasche mit dem Alkohol übergießen und verschließen. Sieben Tage ziehen lassen, dabei immer wieder kräftig durchschütteln. Durch Kaffeefilter gießen. Mit Orangenblütenwasser mischen.
Ein besonders gehaltvolles Haarwasser aus Kräutern, die von altersher als haarwuchsfördernd bekannt sind.

Meerrettich-Haarwasser „Kronprinz Rudolf"

10 g frischer Meerrettich, gerieben
1/4 l Weinessig
1/8 l Orangenblütenwasser
1/8 l Rosenwasser

Die Zutaten in weitbauchiger Flasche gut miteinander vermischen und zwei Wochen lang verschlossen halten. Danach durchfiltern, sofern sich noch Rückstände des Meerrettichs zeigen.
Der Meerrettich wird in der Behandlung von Haarausfall viel zuwenig beachtet. Sein hoher Schwefelgehalt stoppt Haarausfall sehr schnell. Auch spärlicher Haarwuchs wird bald kräftig angeregt. Bei Rudolf allerdings blieb die erwünschte Wirkung aus…

Medaillon mit Perlenkette

Honig-Walnuß-Haarwasser

50 g Walnußblätter, getrocknet
75 g grüne Walnußschalen
1 1/4 l Wasser
15 g Bienenhonig

Walnußblätter und -schalen in dem Wasser ca. 35 Minuten kochen. Zugedeckt etwa drei Stunden ziehen lassen. Danach das Gemisch durch Kaffeefilterpapier gießen. Den Bienenhonig gut unterrühren. Auf verschließbare Flaschen ziehen.
Wer dunkles Haar hat, kann ihm mit diesem Haarwasser eine dunklere, sattere Tönung geben.

Kamillen-Haarwasser

1/2 l Alkohol, 95%
1/4 l Rosenwasser
1/8 l Kamillentinktur
1/8 l Schafgarbentinktur

Diese Zutaten werden in einer dickbauchigen Flasche, die sich gut verschließen läßt, zusammengeschüttelt. Das Haarwasser soll kühl und dunkel aufbewahrt werden.

Trocken-Haarshampoo

100 g Veilchenwurzelpulver
25 g Kieselsäure, pulverisiert
25 g Rosenknospen, getrocknet

Veilchenwurzelpulver und pulverisierte Kieselsäure zusammengeben. Die getrockneten Rosenknospen in einen Leinenbeutel legen und mehrmals mit dem Nudelholz fest darüberrollen. Nun mischt man die Pulver miteinander gut durch.
Dieser Shampoo kam durch Sisis Schwester Sophie nach Wien.

Intensivhaarkur

40 ml Rizinusöl
20 ml Olivenöl
10 g Brennesselblätter
10 g Rosmarin
10 g Thymian

Rizinus- und Olivenöl zusammengießen. Die Kräuter in ein bauchiges Glas- oder Porzellangefäß schichten, gut mischen und das Öl übergießen. Mit einem Holzspachtel durchrühren. Verschlossen zwei Tage lang ziehen lassen. Danach durch einen Kaffeefilter gießen und den Rückstand gut auspressen.

Hopfendoldenöl mit Honig

100 g Hopfendoldenöl
2 EL Honig

Zu Hopfendoldenöl Honig geben und gut vermischen. 1 Stunde vor der Haarwäsche einreiben.

Honighaarwasser

1/2 l destilliertes Wasser
2 EL Bienenhonig
1 TL Glyzerin

Destilliertes Wasser nehmen oder etwas mehr als 1/2 l Wasser 10 Minuten lang sprudelnd kochen lassen. Abgekühlt mit Bienenhonig und Glyzerin gut vermischen. Täglich morgens und abends sanft massierend auftragen.
Das Haar wird dadurch nicht nur fester, sondern erhält auch einen schönen Glanz. Bienenhonig nährt und stärkt die Haarwurzeln.

Honig-Brennnessel-Haarkur

1/2 l destilliertes Wasser
60 ml Brennesseltinktur
2 EL Honig

Destilliertes Wasser, Brennesseltinktur und Honig gut vermischen, täglich morgens sanft in die Kopfhaut massieren.

Photographie im weißen Kleid

Honig-Walnuß-Haarwasser

100 g Walnußblätter
2 l Wasser
3 EL Bienenhonig

Walnußblätter kalt einweichen, mit Wasser über Nacht ziehen lassen. Am nächsten Tag dreimal aufkochen und jeweils wieder abkühlen lassen. Nach dem letzten Abkühlen durchseihen und Bienenhonig unterrühren. Morgens und abends sanft kreisend in die Kopfhaut einmassieren.

Haarfestiger

2 EL Honig
1 EL Olivenöl
1 EL Zitronensaft

Honig mit Olivenöl und Zitronensaft gut vermischen. Die Mixtur auf Haar und Kopfhaut auftragen und 3 Minuten gründlich einmassieren. 20 bis 30 Minuten möglichst in der warmen Sonne einwirken lassen. Danach mit einem milden Shampoo auswaschen.

Zeitgenössische Reklame

Augenkompressen

5 g Lavendelblüten
5 g Romarinblätter
5 g Anissamen, gequetscht
5 g Augentrost
5 g Fenchelsamen, gequetscht

Man mischt die einzelnen Teesorten, näht sie jeweils in kleine Mull- oder Leinensäckchen ein. Zum Gebrauch werden die Beutelchen mit heißem Wasser übergossen. Sie müssen bis auf Handwärme abkühlen, ehe man sie auf die Augen legt.

Augentrost-Honig-Lotion Dr. Smetana

1/2 Kaffeelöffel Augentrostkraut
1 TL Bienenhonig
1/4 l Wasser

Augentrostkraut in das sprudelnd kochende Wasser geben, aufwallen lassen, zugedeckt ziehen lassen. Durchfiltern. Den Honig unterrühren.

Augenmuskelöl indisch

50 g Hopfenblüten
75 g reines Olivenöl
50 g süßes Mandelöl

Man schichtet die Hopfenblüten zerkleinert in ein weitbauchiges Glas- oder Porzellangefäß. Dann gießt man das Olivenöl darüber, so daß die Hopfenblüten ganz bedeckt sind. Man läßt das Gemisch an warmem Ort oder in der Sonne etwa vier Wochen lang ziehen. Danach filtert man die Pflanzenteile ab.
Mandel-, Weizenkeim- und Avocadoöl werden miteinander vermischt und zu dem gewonnenen Hopfenöl gegeben. Alles gut zusammenschütteln. In

braunen Apothekerflaschen gut verschlossen aufheben.

20 g Weizenkeimöl
20 g Avocadoöl

Hopfenblüten enthalten reichlich pflanzliche Hormone, und zwar weibliche Keimdrüsenhormone, die nachweislich dieselbe Wirkung auf der Haut entfalten wie tierische Geschlechtshormone, im Gegensatz zu diesen jedoch völlig unschädlich sind.

Das Augenmuskelöl wirkt speziell in der feinen, zarten Umgebung der Augen stärkend und nährend. Es wirkt Falten und Runzeln entgegen und mildert diese weitgehend bei regelmäßiger Anwendung.

Das Öl mit dem Fingerspitzen in Richtung des Augenringmuskels auftupfen: am unteren Lid von der Schläfe zur Nasenwurzel, ab Oberlid von innen nach außen gehend. Das Öl wird morgens und abends nach der Reinigung aufgetragen.

Augenlidschatten „Lola Montez“

5 g Kartoffelmehl oder Reisstärke
1–2 Tropfen Rosenwasser
eine Idee Lampenschwarz

Man hält einen Teller über eine brennende Kerze. Dadurch bildet sich das sogenannte „Lampenschwarz“. Es wird vorsichtig mit feinem Messer vom Teller abgekratzt und in einem Schälchen gesammelt. Nun verteilt man das Kartoffelmehl oder die Reisstärke darauf und reibt das Gemisch mit einem Holzspatel oder Kosmetikpinsel zusammen. Mit dem Rosenwasser wird die Masse angefeuchtet, damit ein Brei entsteht. Man gibt den Lidschatten in ein passendes Döschen.

Milde Spezial-Augencreme

50 g Lanolin
2 TL Rosenwasser
1 TL Zitronensaft, frisch gepreßt
1 TL süßes Mandelöl

Rosenwasser und Zitronensaft werden mit dem Lanolin vermischt; anschließend rührt man tropfenweise das Mandelöl unter. Diese Augencreme wirkt beruhigend, stärkend und pflegend.

Karotten-Balsamcreme

50 g frische, ungesalzene Butter
3 EL Karottensaft
1 Spritzer Zitronensaft

Die Butter wird schaumig gerührt. Der Karotten- und Zitronensaft wird allmählich untergerührt. Dies kann auch im heißen Wasserbad geschehen. Die Karotten-Balsamcreme wird verschlossen und kühl aufbewahrt.

Brauen- und Wimpernfärbeöl

1 Tasse Wasser
20 g Walnußblätter
1 EL Rizinusöl

Man gibt die Walnußblätter in das kalte Wasser und läßt sie 15 Minuten sprudelnd kochen. Nach dem Erkalten filtert man sie ab. Der gewonnene Walnußblättertee wird wieder erhitzt und das Rizinusöl dazugegeben.
Man gießt dieses Färbeöl in ein Fläschchen.
Kronprinzessin Stephanie war Anwenderin dieses Mittels.

Sisi im Reitkleid, Photo Angerer

Sisi im Reitkleid mit Pinscher, Photo Angerer

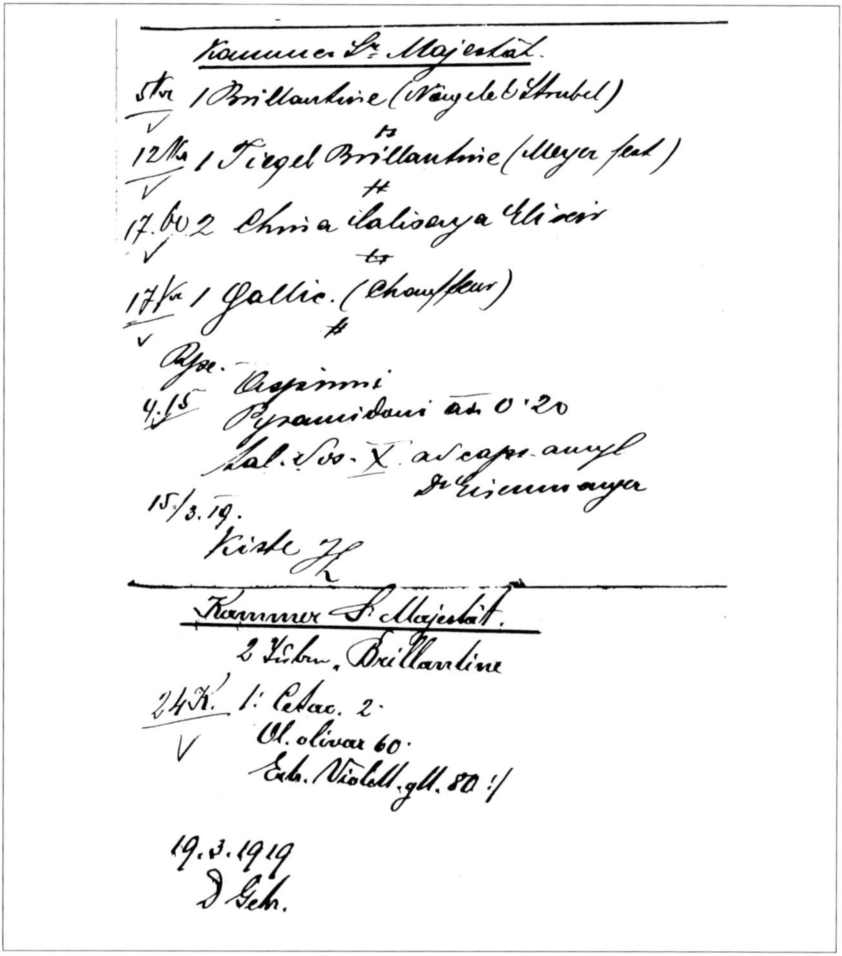

Kammer Sr. Majestät.
1 Brillantine (Nägele & Strubel)
1 Tiegel Brillantine (Meyer ...)
2 China Calisaya Elixir
1 Gallic. (Chauffeur)
Aspirini
Pyramidoni aa 0·20
Dr Eisenmayer
15/3.19.
Kiste
Kammer Sr. Majestät.
2 Tuben Brillantine
24K. 1: Cetac. 2·
Ol. olivar 60·
Extr. Violett. gtt. 80
19.3.1919

Brillantine und andere Toiletteartikel für Seine Majestät

Man gibt die Zutaten zusammen in einem hohen Plastiktopf und schmilzt sie unter Rühren im heißen Wasserbad zusammen. Dann gießt man sie noch warm in ein Porzellantöpfchen. Verschlossen und kühl aufheben.

Wimpernwuchsöl

50 g Rizinusöl
10 g Walrat
30 g Weizenkeimöl
25 g Lanolin

Zitronen-Orangenschalen-Zahnpulver

50 g Orangen- und Zitronenschalen, getrocknet
20 g Meersalz
5 g Speisesoda (Natron)

Die Schalen von naturbelassenen, ungespritzten Orangen und Zitronen werden fein abgerieben, gemischt und einige Tage zum Trocknen beiseite gestellt. Dann werden sie mit dem Meersalz und dem Speisesoda vermischt.
Das Zitronen-Orangenschalen-Zahnpulver soll trokken und verschlossen aufbewahrt werden.
Jeweils eine kleine Quantität auf die angefeuchtete Zahnbürste streuen und die Zähne damit putzen – auch auf der Rückseite des Ober- und Unterkiefers.
Die aromatischen Öle der Fruchtschalen üben einen desinfizierenden Reiz auf Zähne, Zahnfleisch und Mundhöhle aus.

Medizinische Zahnseide nach Prof. Scheff

1 Rolle weiße Nähseide
1 weiße Kerze

Die weiße Nähseide wird in Abschnitten vor dem Gebrauch durch die Kerze an ihrem unteren Teil durchgezogen. Man reinigt damit auf hervorragende Weise die Zahnzwischenräume, indem man die Zahnseide zwischen den Zähnen durchzieht. Damit lassen sich Speisereste nach dem Essen am nachhaltigsten entfernen. Etwas medizinische Zahnseide kann man leicht im Kosmetikbeutelchen tagsüber mit sich führen.

Zahnpulver aus der Hofapotheke

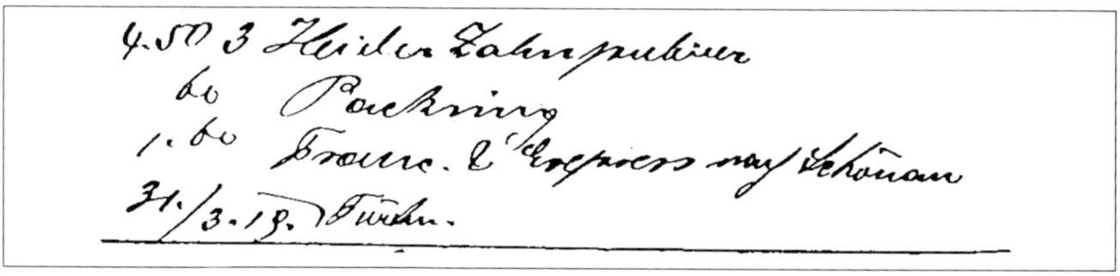
4.50 3 [illegible] Zahnpulver
60 Packung
1.60 Transp. & Expreß nach Schönau
31./3.18. [illegible]

Lippenöl-Schminke

20 g Olivenöl
10 g Avocadoöl
10 g frische, ungesalzene Butter
30 g Lanolin
1 Kaffeelöffel roher Rote-Bete-Saft

Diese Lippenöl-Schminke kann auch als Wangenrouge verwendet werden. Es ist eine völlig natürliche, pflegende Schminke, die keinerlei Allergien oder Reizungen erzeugt.
Im heißen Wasserbad werden zuerst die Fette zusammengeschmolzen. Dann rührt man bis zum völligen Erkalten weiter und gibt kurz vorher noch den Rote-Bete-Saft dazu.
Die Masse wird in ein Porzellantöpfchen gefüllt und gut verschlossen gehalten.

Zahnpasta Dr. Zsigmondy

50 g frische Talgkern- oder Olivenölseife
120 g Glyzerin, weiß, destilliert
125 g destilliertes Wasser
5 g Tragant (Schleimstoff)
10 g Alkohol
100 g Kalziumkarbonat
50 g Kolloid-Kaolin (Schlämmkreide)
10 g Pfefferminzöl

Man schneidet die Seife in feine Schnitze, gießt die Hälfte des destillierten Wassers darüber und schmilzt sie im hohen Plastiktopf im heißen Wasserbad unter ständigem Rühren flüssig. Dann gibt man den Alkohol dazu. Es folgt das Glyzerin. Der Tragant wird mit der gesiebten Schlämmkreide gut zusammengerührt, dann fügt man das gesiebte Kalziumkarbonat hinzu, ebenso das Pfefferminzöl. Das Gemisch muß klümpchenfrei zusammengerührt werden. Nun rührt man dieses Gemisch mit der Seifen-Alkohol-Glyzerin-Schmelze zusammen. Die Masse muß bis zum völligen Erkalten gründlich gerührt werden.
Sie wird am besten in einem Steingutgefäß aufgehoben. Vor dem endgültigen Gebrauch soll sie unbedingt fünf bis sechs Tage ruhen.
Diese selbsthergestellte Zahnpasta aus Sisis Zeit ist vorzüglich reinigend und pflegend. sie wird auf die angefeuchtete Zahnbürste in kleinen Zentimeterstückchen gegeben. Dann putzt man damit die Zähne in vertikaler Richtung, vom Zahnfleisch ausgehend

ab- und aufwärts. Man spült mit warmem Wasser ausgiebig nach.
Man kann auch gutes Mundwasser aus dieser Zahnpasta herstellen, indem man jeweils ein kleines Stück in ein Glas warmes Wasser gibt, gut umrührt und damit die Mundhöhle ausspült.
Die Zahnzwischenräume werden hervorragend von Speiseresten, Bakterien und Fremdkörpern gereinigt. Die Zähne werden weiß und glänzend. Und der Zahnschmelz wird nicht angegriffen, wie dies bei Zahnpasten häufig der Fall ist.

Eibisch-Mundtonikum Dr. Widerhofer

10 g Eibischwurzel
10 g Anissamen
10 g Fenchelsamen
150 g Alkohol, 50%

Die drei Kräutersorten werden zerkleinert und miteinander gemischt. Man schichtet sie in ein luftdicht verschließbares Glas und übergießt sie mit dem Alkohol.
Das Gemisch muß etwa zehn Tage ziehen.
Danach filtert man durch Kaffeefilterpapier ab und gießt es in braune Apothekerfläschchen. Es wird dunkel und kühl aufbewahrt.
Dieses Eibisch-Mundtonikum wird tropfenweise auf ein Glas warmes Wasser zur täglichen Mundspülung verwendet.
Seine Wirkung richtet sich speziell gegen Entzündungen des Zahnfleisches, Zahnfleischbluten, Paradentitis in ihrem Anfangsstadium. Auch bei üblem Mundgeruch hilft Eibisch-Mundtonikum sehr rasch. Der Atem wird wohlriechend und frisch.

Sandelholz-Mundwasser

30 g Sandelholz
3/4 l Weingeist, verdünnt

Man zerkleinert das Sandelholz und gibt es in eine weitbauchige Flasche. Dann wird es mit dem Weingeist übergossen.
Die Mischung muß etwa vier bis fünf Wochen lang an einem warmen Ort ausziehen. Danach wird sie durchgefiltert.
Dieses Sandelholz-Mundwasser wird in einer Quantität von einem Teelöffel auf ein Glas warmes Wasser zur Spülung und Reinigung der Mundhöhle angewandt. Seine blutungshemmende, desinfizierende Wirkung erhält das Zahnfleisch straff und fest. Es läßt Entzündungen rasch abklingen.
Auch bei Paradentitis und Mundfäule ist Sandelholz-Mundwasser sehr zu empfehlen.

Salbei-Linde-Tormentill-Zahnpulver

10 g Salbeipulver
10 g Holzkohle aus Linde
10 g Tormentillwurzel, pulverisiert

Die Zutaten werden gut miteinander vermischt. Man hebt sie trocken und verschlossen in einem Glasgefäß auf.
Eine kleine Quantität dieses Zahnpulvers wird auf die angefeuchtete Zahnbürste gestreut. Man putzt die Zähne in vertikaler Richtung damit etwa drei Minuten lang.
Infolge der in der Tormentillwurzel enthaltenen Gerbsäure und des wundheilenden ätherischen Öles des Salbei übt dieses Zahnpulver einen vorzüglichen Einfluß auf krankes, weiches, leicht blutendes Zahnfleisch aus. Es reinigt die Zwischenräume der Zähne nachhaltig und wirkt atemerfrischend und zahnfleischkräftigend.

Alle Zutaten werden unter Rühren miteinander vermischt. Das gewonnene Zitronen-Zahnpulver wird in einem Glasgefäß luftdicht verschlossen und dunkel aufbewahrt.

Zitronen-Zahnpulver wird vor dem Gebrauch immer wieder gut aufgeschüttelt. Man streut es auf die angefeuchtete Zahnbürste und putzt damit die Zähne vom Zahnfleisch beginnend zur Zahnfläche hin, auf- und abwärts, keinesfalls jedoch quer, wie dies gedankenlos so gern praktiziert wird. Danach behält man das Zitronen-Zahnpulver im Mund, nimmt einen Schluck warmes Wasser und spült mit dem Gemisch gründlich nach, wobei man das Wasser durch die Zwischenräume der Zähne hindurchpreßt.

Zitronen-Zahnpulver hat desinfizierende, sanft bleichende, kräftigende Wirkung. Bei Sisi hat die Anwendung leider keine Besserung bewirkt.

Zitronen-Zahnpulver

10 g Meersalz
50 g Kaolin
15 g Milchzucker
15 g medizinisches Seifenpulver
10 g frischer Zitronensaft
5 g Natriumbicarbonat (Natron, Speisesoda)

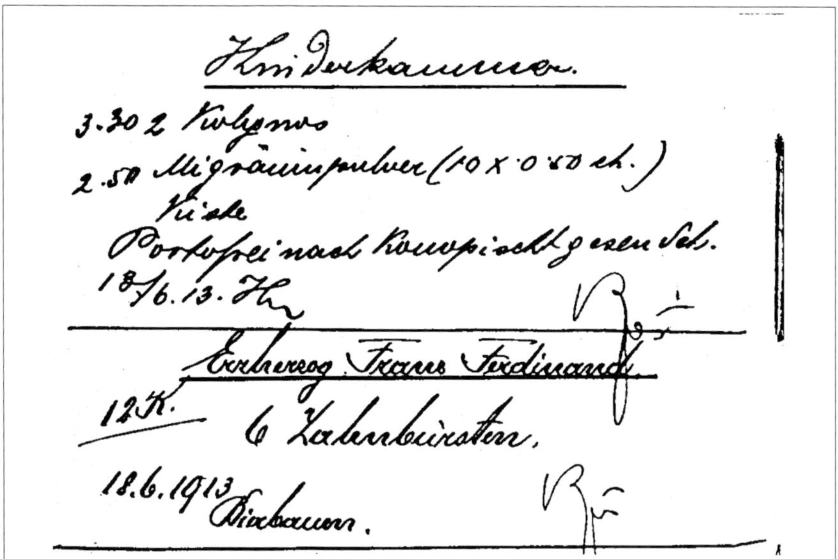
Kinderkammer.
3.30 2
2.50
18/6.13.
Erzherzog Franz Ferdinand.
12 K. 6 Zahnbürsten.
18.6.1913

Verschreibung für den Hof

Duftwasser à la Kameliendame

10 Gewürznelken
2 Stangen Zimtborke
20 g Schwertlilien- oder Veilchenwurzel (Iris)
20 g Sandelholz
100 ml Alkohol, 90%
100 ml Rosenwasser

Die Gewürze in ein weitbauchiges Glasgefäß schichten und Alkohol daraufgießen. Gut verschließen und immer wieder schütteln. An einem dunklen Ort zwei Wochen lang ziehen lassen. Danach durch einen Kaffeefilter gießen und mit Rosenwasser auffüllen.
Diese Art von Duftwasser eignet sich gut zum Parfümieren von Taschentüchern. Früher trug man kleine getränkte Tüchlein in der Kleidung bei sich. Man kann das Gefäß zur Verbesserung der Raumluft auch offen aufstellen. Bei Nervosität und Kopfschmerzen betupft man sich damit die Stirn und Schläfen.

Sandelholzwasser Rudolf

20 ml Sandelholzöl
100 ml Alkohol, 90%
200 ml Hamameliswasser

Sandelholzöl in reinen Alkohol gießen und Hamameliswasser hinzugeben. Gut verschlossen in einem Parfümflacon aufbewahren.
Das Wasser hat einen herben Duft, der sich sehr gut als Geschenk für einen Herrn eignet.

Vanilleparfüm George Sand

2 Stangen Vanille
80 ml Alkohol, 50%
1/4 l destilliertes Wasser

Die Vanillestangen etwas aufschlitzen, in ein bauchiges Glasgefäß stecken und Alkohol darübergießen. Drei Tage lang ziehen lassen, wobei das Gefäß fest verschlossen sein muß. Danach nimmt man die Vanille heraus und füllt mit dem destillierten Wasser auf.

Vanilleparfüm andere Art

1 Stange Vanille
50 ml Olivenöl

Die Vanilleschote aufschlitzen und in 3 cm lange Stücke schneiden. Diese legt man in ein Glas- oder Porzellandöschen, gießt Olivenöl darüber und verschließt es gut. Man läßt die Vanille eine Woche lang ziehen. Dann gießt man das Öl durch ein Haarsieb und quetscht mit einem Holzspachtel den Vanillerückstand gut aus.
Man nehme immer nur einen Hauch davon. Mittels einer Pipette kann man auch einen Tropfen Vanilleparfümöl Cremes zusetzen, um ihren Geruch zu verbessern.

Veilchenduftwasser „Sisi"

100 g Veilchenblüten, frisch gepflückt
80 ml Alkohol, 50%
100 ml destilliertes Wasser

Die frisch gepflückten Veilchenblüten (ohne Stengel) in ein bauchiges Glas- oder Porzellangefäß schichten, den Alkohol darübergießen und das Gemisch an einem dunklen Ort eine Woche lang stehen lassen. Dann durch einen Kaffeefilter geben. Den Sud mit dem destillierten Wasser aufgießen und gut durchschütteln. Fest verschlossen halten.
Dieser nostalgische Duft begleitete die Schönen vergangener Zeiten, die in ihren Kleidern stets auch ein damit getränktes Tüchlein am Busen trugen. Sehr gut

Elisabeth-Denkmal in Meran

FERDINAND FRITSCH's
Parfumerie Etablissement en gros et en détail
Stadt, Neuthor Nr. 193, der Thorwache gegenüber,
erlaubt sich das P. T. Publikum so wie die Herren Kaufleute in der Provinz auf seine von ihm erfundene, allgemein mit so vielem Beifalle aufgenommene Haarwuchsbefördernde- Stangen - Pomade aufmerksam zu machen. Die neuen Kräfte, die sie den Haarzwiebeln zuführt, äussern schnell nach einigem Gebrauch ihre Wirkung. Sie befördert das Wachsen der Haare, hindert das Absterben und Ausfallen und verleiht denselben einen besonders schönen Glanz und Geschmeidigkeit. Bei fortgesetztem Gebrauch verhindert sie das Grauwerden der Haare, und bewährt ihre Wirksamkeit bis ins späteste Alter. Der unübertreffliche sanfte und angenehme Geruch
Bouquet Kaiserin Elisabeth
überragt alles bisher Dagewesene. Proben von 6 kr. zur gütigen Selbstüberzeugung, Stangen von 10, 20, 30, 40 kr. und 1 fl. sind in grossen Lagern vorräthig; ferner halte ich die gesuchtesten und beliebtesten Parfums, Pomaden, Seifen, Oele und alle zur Toilette gehörigen Artikel aus den ersten Fabriken Englands, Frankreichs und Deutschlands, für deren vorzügliche Qualität garantirt wird, und empfehle nicht minder meine, bis jetzt nur in Paris erzeugte parfumirte Carmin- und andere Tinten in äusserst eleganter Ausstattung zu selben Preisen wie die gewöhnlichen Tinten.

Endlich
ist sie wieder da!

Da ich durch überhäufte Bestellungen in anderen Artikeln durch längere Zeit verhindert war, meine berühmte
Haarwuchs befördernde
Elisabeth-
Pomade
zu erzeugen, erlaube ich mir, meine P. T. Kunden aufmerksam zu machen, daß sich diese von heute an wieder am Lager befindet.
Das 1/4 Pfd. zu 70 kr.,
ohne die Emballage oder Tiegel zu diesem Gewichte hinzuzurechnen.
Ferd. Fritsch,
Parfumeur,
Stadt, Bauernmarkt 589,
Margarethenhof.
29071 1

Zeitgenössische Werbung für Elisabeth-Schönheitsartikel

ist das Wasser übrigens auch, um sich im Sommer zu erfrischen.

Zimtparfüm Windisch-Graetz

4 Stangen Zimtborke
100 ml Alkohol, 90%
150 ml Rosenwasser
60 ml Orangenblütenwasser

Zimtborke in einen hohen Parfümflacon geben und Alkohol daraufgießen. Gut verschließen und drei Wochen lang an einem dunklen Ort aufbewahren. Danach die Zimtborke entfernen und mit Rosen- sowie Orangenblütenwasser aufgießen.
Zimtparfüm ist nicht jedermanns Sache. Man kann damit auch andere Duftwässer etwas „süßer" machen, indem man es tropfenweise zusetzt.

Hand- und Fusspflege

Mandel-Honig-Handbalsam

25 g Mandelmus
10 g Bienenhonig
20 g Mandelkleie
1 Eigelb
1 Tropfen Bittermandelöl

Das Mandelmus wird mit dem Bienenhonig, der vorher im heißen Wasserbad verflüssigt wurde (jedoch nicht kochen darf!), zusammengerührt.
Man rührt weiter bis kurz vor dem Erkalten. Dann wird die Mandelkleie dazugegeben, der Tropfen Bittermandelöl und zuletzt – sehr vorsichtig, damit es nicht gerinnt – das Eigelb.
Der Mandel-Honig-Handbalsam wird gut verschlossen und kühl aufbewahrt. Er muß wegen der leichten Verderblichkeit des Eigelbs innerhalb einer Woche verbraucht werden.

Rosengelee mit Agar-Agar

100 g Rosenwasser
25 g Alkohol, 50%
50 g Glyzerin
1 Messerspitze Agar-Agar

Das Agar-Agar wird mit dem Alkohol durchfeuchtet und dann im Porzellangefäß mit dem Glyzerin verrührt. Man gibt das Rosenwasser dazu. Im heißen Wasserbad wird das Gemisch etwas erhitzt, wobei gerührt werden muß. Danach vom Herd nehmen und bis zum Erkalten weiterrühren.
Im Porzellantopf verschlossen und kühl aufheben.

Glättungspaste

15 g Mandelkleie
10 g Iriswurzel, pulverisiert
10 g Milchpulver
1–2 EL destilliertes Wasser

Mandelkleie, Iriswurzel und Milchpulver werden mit so viel destilliertem Wasser angerührt, daß eine glatte Paste entsteht.
Diese Paste wird messerrückendick auf rauhe Haut gestrichen und damit abgerieben.

Pflegendes Nagelöl

50 g süßes Mandelöl
25 g Avocadoöl
25 g Vaseline
25 g Rizinusöl
1 Tropfen Bittermandelöl

Im hohen Plastiktopf werden im heißen Wasserbad alle Zutaten unter Rühren miteinander verschmolzen. Man gießt sie in ein Porzellantöpfchen und verschließt gut.

Im Porzellangefäß werden alle Zutaten unter kräftigem Schütteln miteinander vermischt. Dann wird das Gefäß verschlossen.
Regelmäßig nach dem Fußbad stäubt man den Fußpuder über den schon trockenen Fuß. Sehr gut wirkt bei Schweißfüßen und üblem Geruch das Bestäuben der Innenseiten von Strümpfen und Schuhen.
Dieser Fußpuder wirkt durch den Gerbsäuregehalt der Eichenrinde stark schweißhemmend und geruchbindend und wurde von Ketterl auf Jagden mitgeführt.

Fußpuder

50 g Talkum
15 g Bolus alba
15 g Eichenrinde, pulverisiert
10 g Zinkoxyd
1 Tropfen Parfüm, beliebig

Der frische oder getrocknete Lavendel wird in eine weitbauchige Flasche geschichtet. Der Apfelessig wird darübergegossen. Das Gemisch muß gut verschlossen an einem warmen Ort etwa drei Wochen ausziehen.
Danach filtert man das Gemisch ab, drückt den Pflanzenrückstand noch gründlich zu dem gewonnenen Lavendelessig und hebt ihn in braunen Apothekerflaschen auf.
Für ein Fußbad gibt man eine Tasse Lavendelessig auf einen Liter heißes Wasser.

Lavendel-Essig-Fußbad

50 g Lavendel, frisch oder getrocknet
1 l Apfelessig
1 l destilliertes Wasser

Agar-Agar klümpchenfrei mit etwas Orangenblütenwasser anrühren. Den Rest des Orangenblütenwassers im heißen Wasserbad erhitzen, jedoch nicht kochen. Gleich anschließend Agar-Agar dazurühren, ebenso Bienenhonig, Glyzerin und süßes Mandelöl und bis zum völligen Erkalten weiterrühren. Das Honiggelee, einst von Pauline Metternich aus England eingeführt, in Porzellantöpfchen verschlossen, kühl aufbewahren.

Honey-Jelly Pauline

1 TL Agar-Agar
100 g Orangenblütenwasser
1 TL Bienenhonig
20 g Glyzerin

Photographische Darstellung mit Hut

Fliederessig à la Mätresse

200 g weiße und lila Fliederblüten frisch gepflückt
150 ml Weinessig
100 ml destilliertes Wasser
100 ml Orangenblütenwasser

Fliederblüten in bauchiger Flasche einschichten, mit Weinessig übergießen. An dunklem Ort 48 Stunden ziehen lassen. Durch Kaffeefilter gießen, Blütenrückstand fest auspressen. Mit den anderen Flüssigkeiten durchschütteln.

Dies ist ein altbewährtes Hautpflegemittel für die Hände und kann auch bei fettiger, großporiger, unreiner Haut im Gesicht, auf Hals und Dekolleté verwendet werden.

30 g süßes Mandelöl

Reine Glyzerin-Handsalbe

1 TL Bienenhonig
25 g Glyzerin
2 TL süßes Mandelöl
1 TL Stärkemehl
3 EL Rosenwasser

Bienenhonig und Glyzerin miteinander verrühren, Mandelöl dazugeben. Stärkemehl klümpchenfrei mit dem Rosenwasser verrühren.
Zum ersten Gemisch geben und weiterrühren.
Diese gehaltvolle Handsalbe wird abends auf rote, spröde und angegriffene Hände aufgetragen und einmassiert. Darüber zieht man nachts Kosmetikhandschuhe aus Zwirn. Die Wirkung zeigt sich nach mehreren Anwendungen. Sie ist verblüffend: die Hände werden wieder weich, zart und blaß.

Creme Alba

100 g Cera Lanae
25 g Paraffin liquid.
35 g Vaseline alba
100 g Aqua destill.

Rosen-Gelee

8 g Cera alba
15 g Cetaceum (Walrat)
62 g Ol. Sesami (Sesamöl)
15 g Wasser
2 Tropfen Rosenöl

Das weiße Wachs und das gehärtete Erdnußöl werden mit dem Erdnußöl auf dem Wasserbad zusammengeschmolzen. Während des Erkaltens mischt man das destillierte Wasser allmählich unter ständigem Umrühren hinzu.

Unguentum leniens, Kühlsalbe
Synonym: Cold Cream

8 Teile weißes Wachs
20 Teile gehärtetes Erdnußöl
47 Teile Erdnußöl
20 Teile destilliertes Wasser
5 Teile Rizinusöl

Die gefährlichen Kosmetika

Abenteuerliche Rezepturen brachte man Ende des vorigen Jahrhunderts heraus. Ob Kaiserin Elisabeth solche angeblichen „Verjüngungsmittel" je benutzte, sei dahingestellt. Diese Rezepturen kursierten jedoch bei den Damen der Gesellschaft. Aufgrund ihrer Zusammensetzung konnten sie jedoch lediglich Hautschäden und Reizungen hervorrufen. Von einer Verjüngung konnte keine Rede sein.

Hebesin Schönheitscreme

68% Rosenwasser
12% Eiweiß (Kasein)
16% Alaun
2% Weinstein
0,05% Magnesia

Aurora Schönheitswasser

55 g Kochsalz
15 g Borax
500 g Gurkensaft
100 g Alkohol, 96%
10 g Eau de Cologne

Eau de Lubin Eau de Toilette

0,5 g Irisöl
0,2 g Nelkenöl
5 g Bergamotteöl
3 g Lavendelöl
3 g Moschustinktur
70 g Tolubalsamtinktur
500 g Spiritus (Alkohol, 70%)

Elisabeth beim Spaziergang mit der belgischen Exkaiserin Éugenie (rechts) in Mentone

Die Gräfin Mathilde Trani

In eigener Sache:

Bei meinen Nachforschungen über Schönheitsmittel in vergangenen Zeiten habe ich immer wieder das Wort „obsolet“ gehört. Viele der Zusätze in Cremes, Lotionen, Haarwässer, Salben gelten heute als ungebräuchlich, veraltet, sind überhaupt abzulehnen. Ein Blick in die Pharmacopoea Austriaca und den Nachtrag zur Pharmazeutischen Präparatenkunde zeigt es daher deutlich: viele der seinerzeit in Schönheitsmitteln verwendeten Substanzen waren hautschädigend, hautreizend, schädigten sogar innere Organe, wie etwa hohe Beigaben von Salicylsäure (Acid. salicylicum). Heute wird zur Gänze von ihrer Verwendung in normalen Cremes Abstand genommen.

Doch es gibt auch die andere Seite: Sisi liebte Gesichtsmasken aus zerquetschten Erdbeeren mit Regenwasser gemischt. Unser heutiges saures, verunreinigtes Regenwasser wäre dafür total ungeeignet.

Desgleichen verursachen viele chemische Substanzen in modernen Kosmetika Hautallergien.

Es gibt also keinen Grund für uns, die moderne Kosmetik zu loben und die Schönheitspflege vergangener Zeiten zu verteufeln. Die goldene Mitte zu finden, habe ich mich redlich bemüht.

Chris Stadtlaender

Elisabeth als junge Kaiserin, Lithographie von F. Hohbach

Viele der Kosmetika nach alten Rezepturen haben ihre Tücken. Am sichersten dürften sie gelingen, wenn eine Apotheke ihre Zubereitung übernimmt. Denn viele der verwendeten Substanzen hatten seinerzeit eine andere Konsistenz. Auch mißlingt häufig die Fettschmelze, wenn danach in die noch warme Masse Flüssigkeiten gegeben werden. Manche Kosmetika müssen unter größter Geschwindigkeit zusammengerührt werden.

Wer dennoch die Mühe der Selbstbereitung auf sich nehmen möchte, benutzt am besten ein hohes Porzellangefäß, es kann ein Zahnputzbecher sein oder ein dickes Glasgefäß mit weitem Rand. Dazu gehören einige Holzspatel aus der Apotheke. Man kann auch Eierlöffel aus Perlmutt verwenden, keinesfalls aber metallene Gegenstände.

Die verwendeten Gefäße sollen feuerfest sein, im heißen Wasserbad entwickeln sich höhere Temperaturen, die sie sonst springen ließen.

Alle Kosmetika sollten im Kühlschrank aufbewahrt werden.

Ist eine Creme allzu fest gelungen, kann sie mit Mandelöl oder erwärmtem Rosenwasser die richtige Konsistenz bekommen.

Apothekengewichte in Österreich:

Bis 1872:

1 Drachme	=	4,37 g
1 Drachme	=	3 Scrupel
1 Scrupel	=	1,46 g

Ab 1872 galt in Österreichs Apotheken das Dezimalsystem, ein Zahlensystem, dessen Grundzahl die 10 ist.

Elisabeth-Denkmal

Dr. med. Aberle (1802–1873), prakt. Arzt

Dr. Franz Hügl (1827–1897), Kinderarzt

Dr. Karl Friedinger (1821–1892), Direktor der Gebär- und Findelkinder-Anstalt Wien

Dr. med. Josef Ritter von Kerzl (1841–1919)

Prof. Dr. med. Heinrich Peham (1821–1911), Vorstand der 1. Wiener Frauenklinik

Prof. Dr. med. Carl Braun von Firnwald (1823–1894), Leiter der Gebärklinik der Universität Wien

Dr. med Hermann Widerhofer (1832–1901), Professor an der Medizinischen Fakultät der Universität Wien

Zahnärzte:

Prof. Dr. med. dent. Julius Scheff (1846–1922), tätig an der Universität Wien

Dr. med. dent. Joseph Ritter von Metnitz (1861–1905), Leiter der Universitäts-Zahnklinik Wien

Dr. med. dent. Otto Zsigmondy (1829–1899)

Dr. med. dent. Adolf Zsigmondy (1816–1878), Primarius und Konsiliararzt am Allg. Krankenhaus der Stadt Wien

Diese Liste erhebt keinen Anspruch auf Vollständigkeit.

Die letzte Photographie der Kaiserin vom 10. September 1898 in Genf, mit einer Hofdame

Schönbauer, Leopold: Das medizinische Wien, Urban & Schwarzenberg, Wien 1944

Eugen Baron D'Albon: Vom Kaiser, Verlag Lumen Wien 1909, Pharmacopoea Austriaca 6. und 7. Editio

Hirzel: Toilettenchemie 4. Auflage, Leipzig 1892

Askinson: Die Parfümeriefabrikation, 5. Auflage, Wien 1904

Winckler: Die Parfümeriefabrikation, 2. Auflage, Halle 1882

Sawer: Odorographia, natural history of raw materials and drugs, London 1892–94

Durvelle: Fabrication des essences et des parfums, Paris 1893

Zeitschrift für Kosmetik, Wien ab 1897

Mannyoung, Francine: Die Schönheitspflege, Troppau 1900

Prescrizione Cosmetica, Casa Editrice, Dottore Ciccarelli, Torino 1872

Pharmacopée de France, Recettes de Beauté de Gaston Merveille, Paris 1876, Librairie Renconter

F. E. Bilz: Das neue Naturheilverfahren, 1. Auflage, Dresden-Radebeul 1889

Sven E. Müller: Meine Heilgymnastik, Stockholm 1874, Pubblicen Lindquist

Paléologue, Maurice: Vertraute Gespräche mit Kaiserin Eugénie von Frankreich, deutsche Übersetzung Paul Aretz Verlag, Dresden 1928

Paléologue, Maurice: Kaiserin Elisabeth

Ankenbrand, Lisbeth: Der Wille zur Schönheit, Süddeutsches Verlagshaus, Stuttgart 1900

Sexau, Richard: Fürst und Arzt, Verlag Styria, Wien 1963

Corti, Conte: Elisabeth von Österreich, Salzburg 1934

Chevrier, Raymond: Sissi, Edition Pierre Waleffe, Paris 1965

Sztáray, Irma: Aus den letzten Jahren der Kaiserin Elisabeth, Verlag Holzhausen, Wien 1909

Gibert, Pedro Ferrer, El Archiduque Luis Salvador en Mallorca Inca/Palma, 1943

Wallersee, Maria: Meine Vergangenheit, Verlag „Es werde Licht“, Berlin 1913
Christomanos, Constantin: Tagebuchblätter, Moritz Perles-Verlag, Wien 1899
Wirer, Franz de Paula: Ischl und seine Heilanstalten, Wien 1842
Schneider, Dr. Josef: Kaiser Franz Joseph und sein Hof,Wien 1920

Haus-, Hof- und Staatsarchiv

Archiv der Hofapotheken Wien und Laxenburg

Rezeptenbücher der k.k. Majestät und der Allerhöchsten Familie

Kaiser Franz Joseph und Erzherzogin Valerie und Familie 1886–1910
Kaiser Franz Joseph und Kaiser Karl 1909–1918
Erzherzog Franz Salvator und Erzherzogin Valerie in Wallsee 1895–1921
Kaiser Karl und Familie 1912–1919
Erzherzog Albrecht 1886–1894
Erzherzogin Elisabeth Marie (Fürstin Windischgrätz) 1900–1919
Erzherzog Franz Ferdinand und Familie 1891–1909 und II 1909–1918
Erzherzog Friedrich und Familie 1891–1911
Erzherzog Josef Augustin und Erzherzogin Auguste 1890–1914
Erzherzog Karl Stephan und Familie 1846–1914
Erzherzog Otto und Familie 1903–1919
Erzherzogin Maria Josefa 1905–1918
Kronprinz Rudolf und Erzherzogin Stefanie 1886–1890
Erzherzogin Stefanie und Familie 1844–1886
Ida von Ferenczy, Stiftsdame 1895–1897
Fürst Alfred Montenuovo 1906–1911.

Reisekostüm und Schirm der Kaiserin

Bildnachweis

Österreichische Nationalbibliothek, Historisches Museum der Stadt Wien, Archiv Chris Stadlaender, Archiv Ingrid, Graupp, Archiv der Österreichischen Staatsdruckerei, Kataloge des Dorotheums.

Nicht in allen Fällen konnten die Urheber und Rechteinhaber zweifelsfrei ermittelt werden. Berechtigte Ansprüche werden im Rahmen des üblichen abgegolten.

Bronzeabguß der linken Hand der Kaiserin